國法學要義　完

小原新三著

明治三十四年發行

國法學要義 完

日本立法資料全集 別巻 1199

信山社

法學士 小原新三著

國法學要義 完

東京 水野書店發行

序

本書は、必しも、深奥の法理を闡明するを以て主旨と爲さす。只初學者をして、平易に國家の組織と機能とを、會得せしめ、併せて、我國體の他に卓絶するものあることを理解せしめ、並に立憲政の民として、各自の立脚地を了知せしめんことを期したるに外ならす。今や、國法學の原理を講明するの著書、或は絶無にあらすと雖、未た、初學者に對し、最も簡明に之か梗概を説きて、能く其要を得たるものあるを知らす。是れ本書を公にする所以なり。唯恐る、公務の餘暇匆卒にして稿を脱す、繁簡或は要を失し、其他、不備なるもの亦、少しとせさるへし。然れとも、此の如きは他日を期して補正する所あらむと欲するなり。

明治三十四年四月

小原新三識

國法學要義目次

緒論

第一卷　統治の主體

國法學要義目次終

國法學要義

法學士 小原新三 著

緒論

第一章 法律學

國法に關する法律學を稱して國法學と謂ふ。近時の用語例に於て國法とは法律と必すしも同一義を有するの語にあらすして、特に法律の或る一部を意味するの語たり。法律及ひ國法の何たるかに就ては、序を逐うて之を解說すへし。然れとも、國法學は法律學の一部なるか故に、法律學の何たるかを知るは、國法學の何たるかを知るに當りて必要の順序ならさるへからす。

第一節 何を法律學と云ふか

何を法律學と云ふか。曰く文字の示すか如く、法律に關する學問を稱して法律學とは云ふなり。現今我一國のみに就きて云ふも、法律は、其數に於いて幾千萬なるかを知るへからす。法律學の關する所は、此の如くに浩汎なり。然れとも、徒らに法律を編纂し、若くは序を逐うて之を解說するは法律學の目的となす所にあらす。何となれは法律學は一の學問なれはなり。凡そ學問は只漫に現象の雜多なるものを知るのみを以て目的となすものにはあらす。現象の雜多なるのを知るのみならは、博物館も亦能く其用を爲さむ。豈必しも學問なるものの必要あらんや。蓋し種々なる現象を彙別して之に共通なる一定の原則を發見し、物と人事とに關する眞理を研究するは、即ちすへての學問の目的となす所なり。法律學は法律に關する學問なるか故に、種々なる法律を彙別して之に共通なる一定の原則を發見し、若くは之に依りて更に他の原則を推知するは即ち、又其目的ならさるへからす。

或は曰く、法律には一定の原則なるものあることとなし。何となれは、法律は人か隨意に制定し、隨意に廢止することを得るものなり。而して人の意思なるものは、極めて自在のものなり、右せむと欲して右すへく、左せむと欲して左すへし。意思にしてすてに自在ならは、之に依りて生する人類百般の現象に豈一定の原則なるものあらむやと、然り、法律は人事無形の事に關するものなるか故に理化學、若くは動植物學等に於けるか如く現實なる例證に據りて之か原則を立證すること難し。然れとも有形の物に關すると無形の事に關するとは必すしも原則の有無と相關するものにはあらさるなり。法律は人事無形の事に關するものなるか故に法律學には、原則なるものあることなしと云ふことを得へくむは、道徳の觀念も、美の認識も、人類の間に於ては到底存し得へからす。從て又道徳學も、審美學も、存在することを得すと謂はさるへからさらむ。而かも、豈此事あらむや。法律學に原則なしと云ふ說の誤れるは是に依りて之を觀るも亦甚た明なり。

第一節　法律學の必要

往昔、漢の高祖か法三章を約して、人民を統御せむと欲したりと云ふは、史の傳ふる所なり。此時に當りてや、未た法律學なるものの要あらす。何となれは法律は何人も周知し得て之を服膺するに於て、何等の困難たも存在せさりしを以てなり。然れとも、近時、文明諸國に於いて、一般に法治主義なるものの行はるるに至りては、凡百の事物は殆と皆、法の規矩を逸するものあらす。是を以て法律の數は其幾千萬なるかを知るへからすして、而かも却て之を周知するは容易の業にあらす。而して人の一擧手一投足も皆此法律の支配を受けさるものあらす。於是か此等の浩汎なる法律を一束し、類に隨て之を彙別し、之に通する原則を說明し、以て法律の大體に關する觀念を了得し、之か適用と、遵守とに於て、大なる誤なきことを得せしめむと欲する所の法律學なるものの必要の、極めて大なるに至れるや、亦自然の勢なりと謂ふべし。

自ら稱して曰く、立憲政の民なりと、而かも、立憲政の何たるかを知らさるのみならす、又自ら果して如何なる法の保護と、法の牽束とを受くるかを知らすむは、立憲政の民なりと云ふも是れ寧ろ却て滑稽に類せすや。何となれは是れ彼の天を戴き地に濶步して而して自ら立脚する所の何なるかをも解せさるも些の擇ふ所なければなり。此點より之を云へば、法律學は立憲政の國に於いては、普通敎育の一科たるに缺くへからさる價値ありと謂はさるへからす。

第三節　法律學と政治學との區別

諺に曰く、惡法も亦法なりと、法律にはもとより是なるものと、非なるものとあることを免れす、法律は人手に成るものなるか故に、缺點多きものと缺點少きものとあるは、到底免るへからさる所なれはなり。然れとも惡法も亦法律としては遵由の效力に於いて別に他の法律と異るとなし。法律學の法律に對するや、法の是非如何に係はらす、平調に之か原則を討尋するを以て主旨となす。換言すれは法律學の前には惡法なし。之に反し、法律の是非得失を比較し、論斷し、其如何なる國情の下に於いて、如何なる時代に於いて、若くは如何なる人民に對して、其如何に立法すへきかを研究するは即ち政治學の主旨となす所なり。一は法理の學なり、一は政策の學なり、以て二者の異なる所以を解すへし。

然れとも、學者往々にして此區別を混淆し、法律學を論するに當り、間々法の得失を論するものあり。然れとも此の如きはすてに正當なる法律學の範圍を逸するものなりと謂はさるへからす。

第四節　法律學の研究法

齊しく之を法律學と稱するも、法律學は歴史的に研究することを得可く、比較的に研究することを得可く、分拆的に研究することを得可く、哲理的に研究することを得可し。而して彼の政治的に法律を研究するは、政治學の部門に屬し、所謂法律學の範圍に屬せす。自ら別種の學問を成すは、前節に之を述へし所の如し。而して歴史的、比較的、分析的、哲理的の研究法は、各其長を異にすと雖而かも其相待て法律學の進歩を促すものたるに至りては即ち一なり。獨逸に於いてサビニーは歴史派の大家と稱せられ、英國に於いてオースチンは分拆派の大家と稱せらる、カント（獨逸）は哲理派の巨擘にして佛國に於けるモンテスキユーは比較法學を以て名あり

第五節　法律學の研究を爲すに際し注意すへき一の事項

法律學か法律に關する原則を討尋するを以て主旨となす所の學問なるは、既に之を述べし所の如し。原則なる者は、何れの場合に於いても事實に憑據して、捉へ得たる所のものならざるへからす。換言すれは事實より歸納し得たる原則、若くは此原則より演繹して得たる所の他の原則ならさるへからす。而かも原則は往々にして空論と同視せらるることあり。空論は事實に憑據せさる架空の論斷なり。空論の法理を誤るもの特に大なり。而かも、法律學を學ふに當り、學者往々にして空論の弊に墮つ。最も愼まさるへからす。

第二章　法律

國法は近時の用語例に於いては法律其ものにあらすして、法律の一部なることは、前章に之を述べし所の如し。すてに國法は法律の一部なり。國法の何たるかを知らむと欲せは、即ち先つ法律の何たるかを知らさるへからす。

第一節　法律の實質

法律(又は法規)なる文字の有する意義は、元來一にして足らす。之を廣義に解釋するときは、規則、法則、原則等の文字も亦畢竟法律と同一の意義を有するものなりと云ふことを得へし。例へは春去りて夏來り、秋收りて冬至るか如き、夜、旦の錯行するか如き、動植物の盛衰するか如き、物體のすへて地心に向ひて墜落するか如き、水の低きに從ふか如き、亦皆一の法律なりと云ふことを得へし。而して此の如き法律。を稱して宇宙の法律、又は自然の法律と云ふことを得へし。

又、不忠の臣、不孝の子、不義の人、不貞の婦は、人に擯斥せらるることを免れす。是れ亦一の不變の法律なり。而して之を稱して道德上の法律と云ふことを得べし。

或は又、茲に一家を整理せむか爲めに、家憲を設くるものありとせむか。家憲も亦家人に對して一の規矩たるを失はす。而して是れ亦もとより一の法律なり。

今此等の場合を綜合して考ふるに、春秋の相來往し、夜旦の相錯行し、不德なれは人に擯斥せられ、家憲の家人に對して一の規矩たるか如き、畢意法律とは不變の理法多くの現象に共通なる一般の準則の義)換言すれば一定の秩序の謂に外ならさることを知るへし。

然り而して、法律學上に所謂法律と稱するものも其實質に於いては、亦右に述ふる所の法律の義に外ならさるなり。例へは一定の惡事に對して一定の罰を加ふと云ふか如き、男女相婚するに正當の手續を履まさるときは、法律上夫婦たるの保護を受くること能はすと云ふか如き、即ち前者に在りては、惡事を行へりと云ふの原因あるか故に、處罰なる結果あり。後者にありては、正當の手續に從ひて結婚せすと云ふの原因あるか故に、法律上夫婦と認めらるゝことなしと云ふの結果あるものにして、之を要するに、皆不變の理法、一定の秩序の義に外ならす。是に依りて之を觀れは法律學上に於いて法律と稱するものも畢竟其實質に於いては宇宙の法律道德上の法律、又は家憲等と別に異るものなきを知るへし。

然れとも、法律學上に所謂法律と稱するものの實質か、此等の廣義に於ける種々の法律と異ることなしと云ふか爲に、法律學上所謂法律も、他の法律も、全く何等異ることなしと云ふことを得す。

然らは法律學上に所謂法律なるものの觀念は如何。

第一節　法律の觀念

法律の觀念に關する學說の變遷は二三にして止まらす。之を詳述するは寧ろ特殊の研究に讓らさることを得さるか故に、茲には單に法律學上に所謂法律なるものゝ要素を示し、以て之か觀念の大體を說明せむと欲す。
第一　法律は規則なり　例へは此くの如きことは爲す可し。爲さされは此くの如き結果あらむ。斯く々々の事を爲すときは、斯く々々の結果あらむと云ふか如し。予の前に不變の理法、一定の秩序と謂へるもの即ち是れなり。
第二　法律は行爲の規則なり　然れとも。原因結果の秩序を定むるものかすへて皆法律學上に所謂法律にはあらす。法律學上に所謂法律とは人事に關し、而して行爲に關する規則なり。

第三　法律は國家の行爲、又は人民の國家的生活に關する行爲の規則なり。國家は外部に於ては、他の國家に對して行動し、又內部に於いては、國內に於ける人民に對して其固有の命令權を發動す。是等國權（又は統治權）の發動に關し、一定の規則を定むるときは、是れ即ち一の法律なり。（憲法官制等の如し）而して國家は此の如くに自己の行爲に關し、一定の規則を定むるのみならす。又人民に對して其行爲の規則を定むる場合甚だ多し。（刑法、民法、商法等の如し）而かも、人民に對し、其行爲の規則を定むるは、要するに之を以て國家に對し、何等かの關係を有する行爲なりと認むるか爲めに外ならす。此に人民の國家的生活と云ふは即ち此意義に於いて云ふなり。例へは會社員として會社規則に服從し、學校生徒として學校規則に服從し、家人として家憲に服從するのみにては未た以て法律に服從するものと云ふことを得す。何となれは、法律は人民の國家的生活に關する規則なりと雖、會社規則と、學校規則と家憲とは、未た直ちに以て人民の國家的生活に關する規則なりと見做すことを得さるを以てなり、要するに、人民の國家的生活に關する行爲の規則とは、國家か其一分子として人民に對し、其行爲を拘束する場合に之を云ふなり。

第四　法律は國權に依て維持せらるゝ所のものなり。　國家か法律を侵犯するものに對して加ふる惡報を稱して制裁と云ふ。而して制裁なるものは獨り刑罰のみに止まるにはあらす。弱へは前に述へたる如く法律の規定に依らすして結婚する者あれは、法律は之に對して夫婦たるの保護を與へさるか如き、亦一の制裁たり其他官吏、其權限を超え又は法に違ふの。行爲あるときは譴責、罰俸等の懲戒あり。一私人にして負債を辨濟せさる者あるときは、之に對し强制執行を爲すか如き、亦皆一の制裁たり。而して國家か此の如くに制裁を附して其法律を强制するは即ち國權に依りて之を維持する所以なり。(國際法には嚴格なる意義に於いて制裁を缺くと雖、而かも亦國權に依りて維持せらるゝに至りては即ち一なり。)

以上列擧する所の法律の要素を一括して、法律の定義を下すときは即ち左の如し。

法律とは國權によりて維持せらるゝ國家の行爲、若くは人民の國家的生活に關する行爲の規則なり。

第三節　法律の目的

法律の目的は國家のタ爲及ひ人民の國家的生活に關する行爲に規律するに依りて、人民の慶福を增進し、社會の安寧、秩序を維持し、依りて以て國家生存の條件に適合せしめむことを期するに在るに外ならす。從て法律の目的は法律其ものに存するにあらすして法律以外のものに存するなり。換言すれは法律は國家の目的を達する爲の手段なり。此點に於いて法律は國家に對し、宗敎及ひ道德と全く同一の地步を占むるものなり。

第四節　法律の進步の狀態

法律の目的は、國家の目的を達するにあるに外ならさるか故に、時代により、國家の目的の美なるに從ひて、立法の方針も亦同しからさるは止むを得すと謂はさるへからす。國家の目的の變遷に付きては後章に之を略叙すへし。而して立法の主義の變遷も亦全く之と其步趨を同うするものたり。換言すれは立法の主義は要するに消極的より漸く積極的に移りたるものなり。更に詳言すれは、國家及ひ人民に對する危害を除却せんとするに始まりて、漸く人民の福利を增進せんとするの方針に進みたるものなり。

法律に二種あり。一に曰く不文法なり、二に曰く成文法なり(此區別に付きては後章に之を說明すへし)。大體の上より云ふときは、法律は不文法主義より漸く成文法主義に其步を進めたるものなりと云ふことを得へし。然れとも、太古成文法あり、今日尙不文法あり、(我國に於ても法例第二條、民法第九十二條、商法第一條等は明に不文法を認めたるものなり。且つ英國の如き、今日尙不文法に重きを置くもの甚た多し)必しも時代を劃して之か主義を別つことを得さるなり。

第五節　法律と宗敎との關係

法律と、宗敎とは之と混同せられたるものなり。例へは歐洲に於いてもマホメット敎のコラン法典は上帝より授りしものなりと云ひ、希臘のライカルガン法典はジユピター(神の名)より授りしものなりと云ひ、羅馬のヌマの法典は女神エジエリヤより受けしものなりと云ふか如き、能く之を立證するに足れり。蓋し一國の基礎未た鞏固ならさるの時に當り、人心を歸一せむには、宗敎の說く所は未來に存するを以て單純なる法律、又は武力のみを以てしては行はれ難きことと雖、之か力を借るは最も政策として當を得たりしに依るなり。此の如く上古に溯れは、宗敎と法律とは其間頗る相接近せるものありと雖、其後漸次二者の間に距離を生し、近世に至りては漸く相分離して概ね獨立することゝなれり。(我國に於ける探湯の法、放爪の刑等亦二者の關係を示すに足るものあり)

第六節　法律と道德との區別

法律と宗敎との關係に關しては、前に之を述へし所の如し。今日に在りては、宗敎と法律とは概ね、相分岐したりと雖、法律と道德との關係に付きては玆に之を一言せさる可からす。抑も立法の事實に於いて、法律か其時代の道德と通常相一致し、而して又相一致せさるへからさるは云ふを待たすと雖、歷史の證する所によれは、時として法律と道德と相乖離することなきにあらす。然れとも、此くの如き法律は到底永續し得へきものにはあらす。而して今兩者の相異る要點を擧くれは凡そ左の如し。

一、道德は心を主とし、法律は行爲を主とす。

二、道德は人類品位の爲めに存する標準にして、法律は主として國民としての義務を規定するものなり。

三、道德は主として善を勸むるを以て目的とし、法律は之に反し主として惡を罰するを以て主義とす。

四、道德上の制裁は强制することを得す、之に反し法律上の制裁は權力を以て强制することを得。

第三章　國家

法律は國權に依りて其効力を持續するものなり。國權の何たるかは後章に之を說明すへし。本章に於いては先つ國家の何たるかを序說せむと欲す。

第一節　國家の觀念

試に讀者に對して、國家とは如何なるものなるかと問はむに、其の答ふる所は決して一樣なることを期すへからさらむ。例へは或は、國とは土地なりと云ふ者あらむ、而して之を日本國支那國と云ふ塲合に所謂國とは、輿地圖上に於ける一定の土地の區域を指す者なりと云ふに依りて證言せむ。或は、國とは人民なりと云ふ者あらむ、而して之を日本國か近時長足の進歩を爲したりと云ふ場合に所謂國とは日本人民と云ふの義なりと云ふに依りて證言せむ。或は、國とは統治者なりと云ふ者あらむ、而して之を日本帝國と大英國とか條約を締結したりと云ふ場合に所謂日本帝國及ひ大英國は日本の統治者と英國の統治者と云ふの義なりと云ふに依りて證言せむ。或は、國とは、土地と人民と統治者との集合體なりと云ふ者あらむ、而して之を建國と云ふ場合に於ける國とは、治者と、被治者と一定の領土との包合せる一の團體の義なりと云ふに依りて證言せむ。而して何れの答か最も是なる。而かも其是非を甄別するは、必しも容易の事なりと云ふべからず。

國家の觀念は、常識に於いて此の如くに相一致せさるのみならす、法律學者の解も亦極めて多岐に亘り、殆と歸一する所あるを知らす。或は曰く、國家とは統治の主體なりと。(統治の主體とは治者の義なり)、或は曰く統治の客體なりと。(統治の客體とは被治者の義なり)或は曰く土地と人民と統治者とより成れる一の團體なりと。或は曰く一の有機體なりと。或は曰く一の法人なりと。(法人の何たるかは後章に之を說明すべし)而かも是れ只其學說の主要なるものを擧ぐるに止まるのみ。從て國家の何たるかは、今日法律學上に於ける未决の問題なりと云ふて可なり。

然れとも、予の見る所を以てすれは、國家の觀念はもと二樣の見地より之を定むへきものなるに似たり。二樣の見地とは如何。曰く事實上の見地と法律上の見地と是れなり。國家を土地と人民と統治者とより成るものなりとなすは、事實上の見地より下したる見解なり。國家を生長し、發達し、凋落し、衰憊する有機體なりとなすも亦事實上の見地より下したる見解なり。决して之を誤れりと云ふことを得す。然れとも、法律上の見地より國家の何たるかを窺ふときは、國家は一の法人なりと云ひ若くは之を統治の主體なりと云ふは、極めて穩當なりと謂はさるへからす。國家の法人たる所以は次章に之を解說すへし。而かも、此見解は决して國家を統治の主體なりとなす所の見解と相悖るものにはあらす。

何か故に國家を統治の主體なりと云ふへきか。曰く、抑も法律上に於いて國家の行爲と稱する所のものは、要するに統治權の發動の謂に外ならす、而して統治權なるものは常に他の國家に對し、若くは被治者に對して發動するものなり、從て國家其ものは他の國家、又は被治者に對するものなりと謂はさるへからす。すてに然り國家は統治の客體にあらすして、統治の主體なりと謂はさるへからされはなり。

抑も我國に於いて統治權の發動なるものは、何等の場合に於ても常に　天皇に其淵源を發せさることなし。此點より云うときは、我國に於いて法律上に於ける國家とは、即ち　天皇なりと云ふも亦別に非難すへき點なきか如し。

同一の論結を執る所の學者にして、國家は統治權の主體なり。而して　天皇の統治權は其　祖宗に承けて固有に掌握せらるる所のものなり、換言すれは　天皇も亦統治權の主體なり、從て國家は　天皇にして　天皇は國家なりと論する者あり。(法學博士穗積八束氏)

然れとも此見解は、我國に於いて始めて云ふを得る所にして、統治權の所在か、議會若くは人民に在りて、而かも之を總攬する者は、即ち王、若くは、大統領なりとなすか如き國に於いては此の如くに云ふことを得さるなり。但し　天皇を國家なりとなすの見解は今日學者の間に頗る異説の存する所にして　天皇は國家の機關なりとなし　天皇即ち國家なりと云ふの見解を非なりとなす者亦少きにあらす。

或は近時に至り説を爲す學者あり。曰く國家なる文字は、此の如く學者の見解の岐る所にして、之に關する紛爭の爲に、其時と力とを費すこと、決して少しと云ふへからす。而かも、試に國家なる文字を法律學中より排斥するも、畢竟幾何の不便かあらむ。國家なる文字は力めて之を用ゐさるに若かすと、亦一種の見解なり。

第二節　國家の要素

法律上の見地に於いて、予の我國に於いては　天皇を以て國家其ものなりと見倣すことを得へしとなすは前節に之を論せし所の如し。然れとも、翻て具體的に人の一樣に目して、國家となす所のものの何たるかを論するは、自ら別途の見地よりせさるへからす、

事實上の見地に依り、國家なるものの何たるかを說明せむに、或は土地を以て國家なりとなし、或は人民を以て國家なりとなし、或は統治者其ものを以て國家なりとなすを得へきに似たる場合あるは、前節に之を述へし所の如し。是等は普通の見解としては、必すしも別に非なりと云ふことを得す。然れとも遡りて何か故に、此の如き觀念を生したるかを考ふるに、蓋し是等の觀念と雖、亦國家なるものは、土地と人民と統治者とより成るものなりとの觀念と相容れさるものにはあらす。國家を

土地なりとなすの見解も、無人の地を國なりとなすにはあらず。國家を人民なりとなすの見解も、統治者なく、又土地なき一團の群民を國なりとなすにはあらす。統治者を國家なりとなすの見解も、土地と人民とを離れて別に統治者を認むるものにはあらす。從て國家なるものヽ構成の要素か、土地と、人民と、統治者との三者にして、其一を缺くときは、到底、國家として承認せらるべきものにあらすとなすは、此等の見解を抱持する者の等しく暗に認むる所にして、且すべての學者の一樣に認むる所なり。

第三節　國家の目的

國家の目的は汎くして及はさる所なし。地方自治團體其他公私の法人(次章に之を説明すへし)も亦もとより各其目的を有せさるものなしと雖、而かも其目的は單に國家に依りて認められたる範圍内に於いてのみ或る行爲をなすを得るに止まり、決して國家の如く浩汎なる目的を有するものにあらす。

昔時は祭祀、兵馬及ひ之か糧食を維持するを以て、國家唯一の目的としたりしか(兵馬主義)、次いて國家の生存を危くすへき行爲を除くを以て目的となすに至り(警察主義)而して近世殊に立憲國に於いては、更に又人民の福利を增進し(福利主義)、且法律を以て國家を治むるの主義を執るに至れり、(法治主義)。然れとも國家の目的はもとより單に法律の力に依りてのみ達し得へきにあらす。必すや道德と併行せさる可からさるものなり換言すれは法律の及はさる所は、即ち道德を以て之を補翼せさる可からさるなり。而して宗敎も亦此點に於いて其効用を同うせさるへからさるは云ふを待たす、

第四節　國家と社會との區別

國家は領土と、人民と、統治者との三者を以て其搆成の要素となすは、前に述へし所の如し。然れとも、社會と國家とは必しも同一なるものにはあらす。國家は必す社會なりと云ふことを得るも、社會は必すしも國家にあらす。蓋し社會とは頗る廣き意義を有するものにして、凡て人の集合體を稱して社會とは云ふなり。從て國家も一の社會なり。府、縣、郡、市、町、村も一の社會なり。或は單に若干の人か相集りて成す所の團體、結社の如きも亦一の社會なり。要するに社會とは必すしも不平等(即ち治者と被治者と)の關係を有する人の集合體たることを要件とせす、平等の關係を有す

る人の集合體も亦一の社會たることを失はさるなり。

第五節　國體

統治權の所在の區別に依りて國體の區別を生す。我か國には自ら我か國の國體あり。國體の異るに依りて國法の說明も亦た異らさるへからす。

彼の獨逸の如き今日、其法律學に於いて大に特色を發揮し得たるものありと雖普佛戰爭以前に於いては未た何等の特色たも有することなく、單に英國若くは佛國の法律等を硏究するに依りて法律學の能事は了れるものなりとなせり。抑も我國、上古、藤原不比等等か　文武天皇の勅を奉して撰定したる大寶令の如き其以後に於ける律令の如き、又は維新の始に公布せられたる新律綱領の如きは一に唐律、明律に摸倣したるものと云ふて可なり。而して今日に至るまて歐洲の法律學は之を輸入したりと云ふことを得るも、而かも日本の法律學か獨立の地步を占めたりと云ふことを得す。明治廿七八年の戰役に依り、我國民は大に自覺する所ありき。而かも獨り法律學に於いて未た我特色を發揮し得さるは頗る遺憾なりと謂はさるへからす。

我國に於いて、統治權は　天皇の固有に總攬せさせ給ふ所なりと雖、佛國の如き統治權は議會に在りと稱し、白耳義の如きは、其憲法中に「王は憲法又は憲法に規定せられたる法律に依りて與へられたる權を有す」と規定せり。此等の諸國に於いては、大統領又は國王にもとより固有の統治權あるにあらす、人民の意思に依り、又は憲法の規定に依りて始めて之を有するものたり。又英國に於いては、統治權は議會に在るにもあらす、又國王の專握する所なるにもあらすして、上下兩院及　國王の三者。共握する所なりと稱せらる。然れとも妄りに彼の國の議論を移して直ちに我國體を解釋せむとするか如きは、誤れるの甚しきものと謂はさるへからす。

我國の統治權か　天皇の固有に掌握し給ふ所なるは左の憲法發布の詔勅に依るも亦明なり。曰く

國家統治の大權は朕か之を祖宗に承けて之を子孫に傳ふる所なり。朕及朕か子孫は將來此の憲法の條章に循ひ之を行ふことを愆らさるへし。

云云と即ち統治權は皇室世襲の大權にして、人民の意思に依り、又は憲法の條章に依り始めて有せらるる所にあらす、我國體は二千五百有餘年の往時に在りて實に

既に確定したりし所なり。

國體は統治權の所在する體樣を稱するの名なり。予は國體の區別は單に君主國體及ひ非君主國體の二を以て足れりとなすの說に贊せむと欲す。我國は萬世一系の天皇を奉戴する君主國體なり。英、佛、白等の諸國の如きは即ち非君主國體なり

第六節　政體

政體と國體とは相同しからす。蓋し政體とは國家か統治するの形式を稱するの語にして、國權の所在を稱するの語にあらす。國體の紛更は國家の滅亡なり。然れとも時世の異るによりて政體は變遷すへきなり。

政體の區別は古來學者に依り、其見解を同うせり。然れとも、予は我國に於ては、只專制政體及ひ立憲政體の區別を以て足れりとなす。蓋し專制政體及ひ立憲政體の區別は憲法の有無を標準となすものにして、憲法を有する國家を立憲政體と云ひ憲法を有せさる國家を專制政體と云ふなり。憲法制定以前に於ける我國家は即ち專制政體にして、今日に於いては即ち立憲政體なり。

專制政體に在りては、元首は如何なる事を爲すも隨意にして、何等束縛せらるる

所なしと雖、立憲政體に在りては元首か一たひ憲法に依りて自ら無邊の統治權を制限し之か行使の手續を定められるた以上は(暫く欽定憲法後章に之を説明すへし)を有する國に就て論す)憲法の行はるる限りは、又專制政體に於けるか如く、其欲する所に任せて行動を妄りにせらるることを得す。而して之に依りて人民は其所謂權利(後章に之を説明すへし)を鞏保せられ、其安寧と秩序とに安んすることを得るなり。

第四章 人

法律の規定する所は、何等の場合に於ても人の行爲に在り。然れとも、法律上に於いて人と稱するは、普通に人と稱するものと必しも相同しからす。是れ本章に於いて特に人に關し概説せむと欲する所以なり。

普通に耳目口鼻を有する有體人を稱して人と云ふ。然れども(一)耳目口鼻を有する有體人にして、法律上人にあらさるものあり(二)耳目口鼻を有する有體人にあらすして、尚法律上人たるものあり、

(一)耳目口鼻を有する有體人にして尙法律上の人にあらさるものの例は即ち奴隷なり。奴隷は何か故に法律上に於いては人にあらさるか。抑も法律上に於いて人と稱するは自存目的を有するものを指して之を云ふなり。換言すれは自存目的の主體は即ち人なり。自存目的とは如何。曰く自立して生存するの目的是れなり。例へは奴隷か其勞役に依りて得る所は悉く皆主人の有に歸して、自己の有に歸せす。主人にして奴隷を養ふと、之を賣ると、若くは之を殺活するとは一に其擇ふ所に任すへくして、此點に於いて奴隷は一個の財產たり。換言すれは牛馬若くは貨物に異らす。奴隷には此の如くに自立して生存するの目的なし。是れ奴隷を人にあらすと云ふ所以なり。

自存目的を有するの狀態を稱して人格と云ひ、人格の主體を稱して人格者と云ふ、故に人格者とは畢竟又人と云ふと同し。

(二)耳目口鼻を有する有體人にあらさるも、尙法律上人として目せらるるものとは如何なるものなるか其種類を擧くれは凡そ左の如し。

(甲) 國家

(乙)　法人

(丙)　胎兒

(甲)國家を以て一の法人なりとなすの說あることは、曾て述へし所の如し。而かも予の玆に法人と區別して國家も亦一の人なりと云ふは如何。夫れ國家も亦一の自存目的の主體たるは疑を容るゝの餘地なし。すてに然らは法律上に於いて之を一個の人なりと云ふはもとより當然なるのみ。然れとも、他の法人に在りては國家か法律に依りて其人格を認むるに依り、始めて人たることを得るものにして、國家か法律の存在する以前よりすてに一の自存目的の主體として人たると大に異なり。是れ予の玆に特に他の法人と區別して別に國家を擧くる所以なり。然れとも、自然人即ち耳目口鼻を有する有體人にあらすして、而かも人たるものをすへて法人なりと云ふの意義に於いてすれは、國家も亦もとより一の法人なるのみ。

(乙)法人とは何ぞ。曰く法の規定に依り人格を有するものにして、自然人にあらさるもの是なり。法人には其種類多し。(イ)公法上の法人は其一なり。(ロ)私法上の法人は其二なり。公法上の法人とは、例へは府、縣、郡、市、町、村、等の地方自治團體、及ひ水利組合の類を云ひ、要するに國家に對して隨意に解散すへからさる義務を負ふものたり。之に反し私法上の法人とは、此の如き義務を負ふものにあらすして、民法若くは商法等の規定に從ひ何時にても隨意に解散することを得へきものたり、其公益を主として設立せらるゝものを公益法人(獨立の生存目的を有する學校病院等の如し)と稱し、私益を主として設立せらるゝものを私益法人(營利會社の如し)と稱す。私法上の法人には、又社團法人及ひ財團法人の二種あり。人の集合體より成るものを、社團法人と云ひ、一塊の財產に對して人格を賦與するものを財團法人と云ふ。

(丙)胎兒は未た出生せさる自然人たるに過きす。其男性たると女性たると、生きて產るゝと、死して產るゝとは、未た預知すへからさるものあり。而かも父の死したる場合に胎兒の權利を保護せむか爲に、特に之を一の生存目的の主體と見做し、獨立人たるに等しき特遇を與ふる場合あり。此場合に於いて胎兒は未た生れすと雖、又人たり。法律學に於いて論する所の人なるものは、大要以上述ふる所の如し。而して何等の場合に於いても法律の規律する所は、即ち此等の人と、人との關係に在り。詳言すれは(一)國家と國家と(二)國家と人民(自然人若はく法人)と若くは(三)人民相互の關係に在り。

第五章 權力、權利及び義務。附統治權

何を權力と云ふか。曰く命令の力是れなり。換言すれば强制の力是れなり。近代の國家に於いては、權力は國家獨り之を專握するを以て主義となすか故に、一私人は他の一私人に對して請求することを得へくして命令することを得へからず。請求するも尙其目的を達せさるか。一私人は即ち國家に對して請求の理非の判斷を求むることを得へし。國家之を斷して理ありとなすか。國家は即ち被請求者に對し、請求に應すへきことを命令す。而して此場合に於ける國家の命令は、又一私人の請求と其性質を同うせす。即ち彼は單純なる一の請求たるも此は强力の伴ふ命令なれはなり。而して人民か命令を奉せさる場合に國家か之を强制するの力は即ち權力なり。

要するに權力とは不平等の關係に立つ所の强者か、弱者に對して其意志を强行するの力を云ふに外ならず。是に依りて之を觀れば、權力なるものは何等の場合に

於ても必しも國家の之を專握することを必要となすものにはあらすと雖、近世に於いては、只國家獨り之を其掌中に藏するを以て主義となすのみ。而して親の子に對して、親權を行使し學校敎員の生徒に對して懲戒權を行使し、船長の船員に對して懲戒權を行使する場合は學者普通に之を目して、此主義の例外なりと云へり。

何を權利と云ふか。曰く人(前章の所謂人の義に於て云ふ)か平等の關係に於て他の人に對して法律上主張(若くは請求)し得る手段の範圍は即ち權利なり。權利の實質如何に關しては由來學者の論爭して止まさる所なり。然れとも、予は此には只權利とは人か平等の關係に於いて他の人に對して主張し得る手段の範圍なりと云ふを以て暫く滿足せさるへからす。夫れ此の如く權利なるものは、平等なる人と人との間に於ける手段の範圍なるか故に、權利は只請求することを得るものたるに止り、强力を以て之を强要するを得さる所なり。

自存目的の主體を稱して人と云ふは、前章に論したる所の如し。而して此自存の目的を達するか爲めに必須の手段として、人は權利を享有し、且つ之を行使することを許さるゝなり。(但し國を除きて云ふ)而して之を許す所のものは即ち法律なり。

從て人の權利を享有し、且つ之を行使するは、何等の場合に於いても法律によりて許されたる範圍内に於いてせさるへからさるなり。

次に義務とは如何、曰く、「人か不平等なる關係に於いて、若しくは平等なる關係に於いて、他の人に對し法律上負ふ所の行爲、若くは不行爲の強制を稱して義務とは云ふなり。從て義務なるものは權力に對して存在するのみならす、又權利に對して存在するものたるを見るへし。

權力は近代の國家に於いては國家獨り掌握するを以て主義となすは、前に述へし所の如し。國家か内部に於いて被治者に對し不平等なる關係に於いて其權力を行使し及ひ外部に於いて他の國家に對し、平等なる關係に於いて其權利を行使するときは、此内部に對し不平等なる權力と外部に對し平等なる權利とを併せ稱して統治權と云ふ。(別に國權、主權、最高權等の語あり皆統治權を指して云ふに外ならす)

統治權は此の如くに國の內外に對して發動するものたり。而して其條約に依り、若しくは自個の意志に基きて、他の國家に對し、義務を負ひ若しくは之を認むるは即ち妨けすと雖、他の牽制を受けて常に之か頤使に甘むせさるへからすむは、又一個獨立なる統治權の實あることを認むへからす。統治權は外部に對し不覊獨立のものならさるへからす。

統治權か又內部に對し不覊獨立のものならさるへからさるは、殆と云ふを待たす。何となれは、若しも國家の內部に於て之を制限し得へき他の權力あらは、國家內に統治權よりも更に強き他の權力あるものにして、是れ既に統治の本義に反すと謂はさるへからされはなり。學者或は統治權を解して最高權なりと云ふものあるは、畢竟之か爲めに外ならす。

命令の力は近代に於いて國家之を專握するを以て主義となすは、前段に之を述へし所の如し。而して是れ學者或は統治權を解して、命令權なりとなすものある所以なり。然れとも、國家は對等なる他の國家に對して主張することを得へくして、命令することを得へからす。從て嚴格に云ふ時は、命令權其ものは未た統治權其ものにあらすと謂はさるへからさるなり。

統治權は此の如くに外部に對して不覊獨立のものたると同時に、內部に對しても亦不覇獨立のものたり。統治權は、全能にして爲し能はさる所なしと云ふの語あるは、又要するに此義に外ならず。然れども、法理上の全能は必すしも事實上の全能を意味せす。男子を變して女子となすは元より統治權と雖も能はさる所なり。(諺に曰く、英國議會は男子を變して女子となし、女子を變して男子とをすことを得さるのみと。蓋し法理上に於いて英國の議會か無限の全能力を有することを云ふなり。)

第六章 國法

第一節 何を國法と云ふか

何を國法と云ふか。文字に從ひて之を解釋すれは日本國法とは即ち日本帝國の法律なりと謂はさるへからす。

抑も國法なる文字は英佛等にては多く用ゐらるゝことなし、偶之れあるも獨逸語の「スターツ、レヒト」即ち國法なる文字とは其意義を異にし、單に國の法律なる意義に用ゐらる。是れ前の用例に同じきなり、而して我か國に於いても、法律なる文字は從來、國の法律なる意義に用ゐられたるものゝ如し、(敎育に關する　勅語中に國憲及び國法と稱するは此意義に基くものなり)。然れとも、現今多數の學者の所謂、國法とは寧ろ獨逸語の反譯に基くものにして、從て單に國の法律と云ふものと其意義を異にせり。但し獨逸學者の間に於いても、多少國法の文字に關し其用例を異にし、之を公法(公法とは法律中一部の名稱なり。後章に之を說明すへし)の意義に解釋するものと、更に之を狹義に用ゐ、單に憲法及ひ行政法の意義に解釋するものとの區別ありと雖、其多くは後者の意義に用ゐ居れり。而して我國多數の學者の國法と稱するものも亦、此の意義に據れり。而して此見解に從ふときは彼の刑法と云ひ、訴訟法と云ひ、民法と云ひ、商法と云ふか如きも亦齊しく國の法律なりと雖、此等は所謂國法中に包含せらるゝものにあらさるなり。從て又此等の法律に關する特殊の研究を爲すは本書の目的にあらさるなり。

第二節　憲法

憲法は國法の一部なり。先つ其何たるかを論述すへし。

第一項　憲法の意義

憲法の何たるかに關しては、古來種々の見解あり。然れとも、此等は要するに學者か單に各其見る所に從ひ、或る一團の法律を名けて憲法の範圍は、此の如きものならさるへからすとなすに止まり、別に之を非難すへき理由もなく、又之を賛成すへき理由も存せさるなり。蓋し此等の種々なる見解は煩を避けて玆に擧ることを爲さすと雖、皆實質的に憲法の何たるかを説明せむと欲するものなり。然れとも予の見る所を以てすれは我國に於いては一部、大日本帝國憲法典の存するあり。之を憲法なりと謂は丶、即ち足れり。又毫も實質的に憲法の何たるかを論究するの要あらす。從て以下予の憲法と稱する所のものは、即ち實質的の意義に於いて云ふにあらすして形式的の意義に於いて云ふものたり。

第二項　法律學上に於ける憲法の地位

廣義に於いてすれは憲法も一の法律なり。帝國議會の協賛を經て特に法律の名を付して發布せらる丶ものも一の法律なり。（之を狹義の法律と云ふ）勅令の名を以て天皇の大權に依りて發布せらる丶ものも一の法律なり。其他閣令、省令、府縣令、郡令等の如き市、町、村の發する條例又は規則の如き亦皆一の法律なり。然れとも、狹義に於いて云ふときは憲法は之を他の法律と區別す。其區別の要點如何。是れ此に研究せむと欲する所なり。

憲法は國家のあらゆる法律中に於いて最高の効力を有するものなり。府縣令は閣令又は省令を以て之を變更廢止することを得へく、閣令又は省令は勅令を以て之を變更廢止することを得へく。勅令中の或るものは狹義の所謂法律を以て變更廢止することを得へく、而して狹義の法律は又他の狹義の法律を以て之を變更廢止することを得へし。然りと雖如何なる他の法律を以てするも終に變更し若くは廢止することを得さるものは即ち憲法なり。憲法は國家のあらゆる法律中に於いて最高の効力を有するものなれはなり。

憲法を除きて之を云ふときは、狹義の所謂法律は他の法律に對し、最強き効力を有するものなり。狹義の法律はすへて皆帝國議會の協贊を經さるへからす。而して是れ狹義の法律か他の法律に比して特に重要視せらるる所以なり。而して之を憲法第三十八條と第四十六條と、第四十七條とに徵するに

第三十八條　兩議院は政府の提出する法律案を議決し及各〻法律案を提出することを得。

第四十六條　兩議院は各〻其總議員三分の一以上出席するに非されは議事を開き、議決を爲すことを得す。

第四十七條　兩議院の議事は過半數を以て決す。

と規定せり。狹義の法律案は即ち此の如き手續に據りて議定せらるゝなり。而かも憲法の改正に關する議定の手續か之に比して如何に鄭重なるかは、次の憲法第七十三條の規定に徵して容易に知ることを得む。

第七十三條　將來此憲法の條項を改正するの必要あるときは勅命を以て議案を帝國議會の議に付すへし。

此場合に於いて兩議院は各〻其の總員三分の二以上出席するに非されは議事を開くことを得す。

出席議員三分の二以上の多數を得るに非されは改正の議決を爲すことを得す

要するに憲法の改正は憲法に規定する特殊の手續に依るの外、狹義の法律の形式に依り、若くは其他の法律の形式に依りて變更することを得さるものなり。以て憲法の法律學上に占むる地位の如何に重要なるかを知ることを得む。換言すれは、憲法は他の法律に對する根本法にしてすへて他の法律は憲法の規定に違ふことを得さるものとす。而して憲法か如何に臣民の權利と財產とを貴重し、依て以て如何に臣民各自の福利と、國家の光榮とを增進するに於て、遺憾なからしめむことを期せるかは序を逐ふて讀者の之を詳にすることを得る所ならむ。

憲法は止むを得さる場合に前段に說く所の手續に從て、之を改正することを得へし。然れとも之を廢止するは憲法の精神とを相背反するものなり。憲法發布の詔勅に

　茲に大憲を制定し朕か率由する所を示し、朕か後嗣及臣民の子孫たる者をして永遠に循行する所を知らしむ。

と宣せられし如き以て徵とすべし。然れとも統治權は我國に於いて、　天皇の固有に總攬せらるゝ所なり。而して憲法の有無はもと國體に於いて、必すしも相關する所にあらす。固有の統治權の作用として。憲法を廢止し若くは中止するは不可能のことなりと云ふことを得す。然れとも、是れ立憲政體を廻らして專制政體の舊態に

復するものなり。政體の紛更は革命なり。進歩にあらすして、而して眞に不祥の事に屬す。

第三項　憲法の種別

憲法は其成文法たると、不文法たるとの區別(此區別に付ては後章に說明すへし)に從て之を

一、成文憲法

二、不文憲法

の二種に別つことを得へし。我國の憲法及ひ獨、佛、以、白、米等諸國の憲法は成文憲法に屬し、英國憲法は主として不文憲法より成れり、不文憲法は時勢の變遷に應して隨時、之を改正するの便宜あれとも、成文憲法の主義を執る國に於いては比較上此便宜少なし。然れとも、我國の憲法に於いては又時勢に從て之を改正するの餘地を存せり。(前擧憲法第七十三條)

憲法は又左の三種に區別することを得。

一、欽定憲法

二、國約憲法
三、民約憲法
一、欽定憲法とは元首自ら定むるものを云ふ。我國及び伊太利憲法の如き是れなり
二、國約憲法とは聯邦內の各邦、互に相議し定むるものを云ふ。獨逸帝國及び北米合衆國の憲法の如き是れなり
三、民約憲法とは人民の之を制定するものを云ふ。佛蘭西、白耳義等の憲法の如き是れなり

第四項　英國憲法の沿革

憲法の法律學上に占むる地位の重要なるは前段に說明せし所の如し。憲法の最古きものゝ一は即ち英國憲法なり。英國憲法の大部分は即ち不文憲法に屬すと雖英國憲法の神髓なりと云ふことを得へき大憲章、權利請願及ひ權利法典の三者は英國憲法の三經典と稱せらるゝものにして之か制定の由來に關し、此に之を一言するは即ち之に比して、吾人日本臣民たるものゝ、如何に容易に憲政の美澤に沾ふ

ことを得たるかを回想し、而して是れ一に我　天皇の深遠にして仁慈なる聖旨に基くものに外ならさることを銘記する所以なるか爲のみ。

大憲章は一二一五年、ジョン王治世第十七年に始めて公布せられたる所なり。初めジョン王頗る武を好み、屢軍旅を起して常に外兵に辱を受け、遂に其故領ノーマンディ公國をも失ふに至れり。狀勢此の如くなるを以て、諸侯は奔命に疲れ國民は皆重歛に苦み、又業に安んすることを得さるに至り。一二一三年、カンタベリー大僧正等主唱して諸侯及ひ僧侶の大會を遂け、弊政を改革するの議を策せり。次いて一二一五年、諸侯兵を率ゐてロンドン城に迫り、改革案を奉呈して王の決答を求めたるも王は屢手段を弄して却て之か撤回を策せらるゝに至り、諸侯は終に僧侶と相結むて神威軍を組織し、ロンドン城を圍めり。王、事の爲すへからさるを見、後門より逃れてチデヤムに走る。從ふもの時に僅に七人なりきと云ふ。此の如くにして、同年六月十九日を以て王はランニメード原に於いて公衆の面前に始めて其玉璽を鈐せられたるなり。大憲章是れなり。前後の光景の如何に凄寥なるものありしかは、蓋し想ふに堪へたりと謂ふへし。

權利請願の裁可せられたるは、大憲章の如く慘憺たるものあるにあらすと雖、又もとより王の意に出てたるにあらす。即ち權利請願は一六二五年を以て王位に即かれたるチャーレス一世か、佛國と戰端を開き、軍費を要すること甚急にして、時に議會の決議を待たすして徵稅し、若くは議員を拘禁せらるゝ等のことあり。王の軍費法案を提出し、親しく議院に出席して其必要を說明せらるゝや、下院は之を議決することを爲さす。委員を選定し、權利請願を起草せしめて之を可決し、上院も亦之を可決するに至り、力屈して王の終に裁可せられたる所のものなり。

權利請願は一六二八年を以て公布せられたりと雖、王と議會との紛爭は益甚しく終に王權黨と、民權黨との二大政黨を生し、屢武器を以て勝を爭ふに至り、王權黨終に敗れ、一六四九年、王も亦民權黨の爲に非命に崩御せらるゝに至り、此に一時英國は共和國となれりと雖、後一六六〇に至り、チャーレス二世又王位に登り、其後一六八八年、次王ジェームス二世の位を棄てゝ佛國に走らるゝや、王の甥にして其女婿たる和蘭王ウヰリヤムの皇后メリー(ジェームス二世の女)と共同して王位に登らるるに至り、議會は權利請願を議決し、王及ひ女王は終に之を承認せられたるなり。

英國憲法の三經典と稱せらるゝものゝ沿革の大要は、實に此の如し。英國々民の憲法の爲に如何に其血と生命と、財産とを犧牲に供したるもの多きかを知らは、我日本臣民たるものの我 天皇の聖旨の仁慈たるに感泣するの洵に偶然にあらさるを知らむ。

第三節 行政法

國法は行政法其ものにあらすと雖、行政法の原則の重要なるものは國法學中に研究せられさるへからす、行政法とは如何。

行政法の何たるかも、憲法の何たるかに關するか如くに、亦學者の論爭多き問題なり。然れとも予は行政法とは行政に關する一切の法律なりと云ふを以て滿足せんと欲す。然らは行政とは如何。

行政の何たるかも亦法律學中に於ける論爭最も多き問題の一なり。然れとも其何たるかを論するは今や未た其機會にあらさるを信するか故に序を逐ふて後に之を説明すへし。

一切の法律は之を分ちて國際法及ひ國内法の二種となす。國家と、國家との關係に關する法律は、即ち國際法にして國際法にあらさるものは、即ち國內法なり國際法を分ちて二となす。其國家自身と、國家自身との利益に關して、之か關係を定むるものは國際公法なり。而して兩國人民の利益に關して、國際の關係を定むるものは即ち國際私法なり。

國內法は憲法及ひ行政法(兩者を併せて國法と稱するは前に述へたるか如し)の外、刑法、訴訟法、民法、商法等を包含す。犯罪の何たるかと、之に對する刑罰の何たるかとを規定するものは即ち刑法なり。民法は人民相互の關係を規定する所の法律にして、商法は特に商事に關し、人民相互の關係を規定するものなり。從て民法に對しては特別法たるの性質を備ふるものたり。(換言すれは民法は商法に對しては一般法たり)訴訟法に二あり。刑事の訴訟に關するものを刑事訴訟法と云ひ、民事及ひ商事の訴訟に關するものを民事訴訟法と云ふ。(廣義に於ては商事も亦民事の一部なり)皆特殊の研究を要する所にして之を說明するは本書の目的とする所にあらす。但し緒論中、一般に法律に關して論したる所のものは皆各種の法律に適用し得る所なり。

第七章　公法及ひ私法

國法は公法の一部なり。公法は私法に對するの語なり。而して公法と私法とは法律學者の常に慣用する所の語たるに係はらす、最も意義の不明なるものに屬せり。二者區別の標準如何。

一切の法律は之を公私法に區別することを得さるにあらす。詳言すれは、國內法に於いてのみならす、國際法も亦之を國際公法と、國際私法とに區別する事を得へし。然れとも國際法と、國內法とは廣義に於いて、等しく法律と稱するを得る所なるに係はらす、其性質に於いて逕庭の差異あり。而して公私法の區別は、もと、寧ろ國內法の區別たるに止まり、國際法の所謂、公私法と其系統を異にすと云ふを以て穩當なりとす。

國內法には之を制定し、若しくは之を承認する所の(一)主權者(即ち統治權者)ありて、法の爭を決するか爲めには(二)裁判所あり。法の効力を維持するか爲めには(三)制裁あり、皆一の統治權の作用として其効用を全うす。之に反し、國際法は國家と國家との間に於ける法規にして之に關する爭を生するも原則として、之を決するの裁判所あるにあらす。又之に違ふも法律上の制裁なし。所謂國家社會(文明國を網羅する一團體)には共同の主宰者なく、從て國際法を以て各國家の行爲を律すること、必しも未た國內法の各個人に對するか如くならす。學者、或は牽强して此等の點に於いて國際法も亦國內法と別に異る事なしと、論するものありと雖もとより言辭を好むものたるを免れす。

公法及び私法の區別に關する學說中、其主要なるものを擧くれは凡そ左の如し。

一、國家と、人民との關係を規定するものは公法にして、一私人相互の關係を規定するものは私法なりとの說。

然れとも、國家も亦一私人と同しく賣買、貸借等の行爲を爲すことを得。此場合に於いて、是等の關係か公法關係なりと云ふは普通の觀念に反す。

二、公益に關するものは公法にして、私益に關するものは私法なりとの說。

此說を主張する者の言に從へは、憲法、刑法等の如きは國家の公益に關する法律なるに係はらす、民法、商法等の如きは公益を主とするものにあらすして專ら人民の私益の爲に設けられたる法律なりと云へり。然れとも公益及ひ私益の區別は、此種の學者の考ふるか如くに決して明白なるものにはあらす。何故に民法及び商法は國家の公益に關係なしと謂ふへきか。且つ憲法及び刑法と雖、其臣民の權利を保障し、殺人、盜賊等の行爲を禁するか如き規定の爲に先つ利益を享くるものは却て一私人なりと謂ふことを得さるにあらす。此說も亦非なり。

三、公法とは權力服從の關係を規定するものにして、私法とは權利平等の關係を規定するものなりとの說。

予は大體に於いて此說を可なりとなすものなり。然れとも、單に此の如くに云ふ時は、或る學者の非難するか如く親の子に對し、親權を行使する場合に關する規定も亦公法なりと云はさることを得す。然れとも是れ普通の觀念にあらす。故に予は多少此定義を制限し、國家權力の發動に關する法律は即ち公法にして、公法にあらさるものは、即ち私法なりと謂はは、庶幾くは大なる誤なくして而かも親の子に對し、親權を行使する場合に關する法律は、國家權力の發動にあらさるか故に是れ私法に屬し、公法に屬せすと云ふ事を得へしと信す。而して學者の目して公法なりと云ふ所のものも亦實際に於いては概ね此意義に於いて云ふものたり。

法律は區別の標準を異にするに依りて之を種々に區別することを得へし。公私法の區別は其最も重要なるものなり。此他尙頗る多くの分類を試むることを得さるにあらす。然れとも此には只成文法と、不文法との區別に付き附言するに止まる。

今成文法と、不文法との區別に付き之を要言すれは、成文法とは文字に表はされたるものを云ひ、(但し後の定義に示すか如く假令文字に表はさるゝも法律として始めより國家か之を制定したるものにあらされは成文法にあらす)不文法とは文字に表はされたるものを云ふなり。而して不文法中には慣習及ひ裁判例を包含するのみならす、學者の説も亦法律に均しき効力を有する場合あり。例へは羅馬に於いて某學者の説に依りて判決を下すへきことを命したることあり斯くの如き場合に於いて、縦令其學説は刊行の書籍中に存在するも之を以て成文とは稱せさるなり。今之か定義を下せは如し。

文書を以て法律として國家か制定したるもの之を成文法と云ひ、文書に依りて制定せられさるも國家か認めて、法律に等しき効力を附與するもの、之を不文法と云ふ。

成文法及ひ不文法は更に左の如く之を區別することを得へし。

成文法
- 一、單行法
- 二、彙類法
- 三、法典

不文法
- 一、慣習
- 二、判決例
- 三、學説

何れの時代に於いても成文法は必しも公布を必要とせしものにあらすと雖、(例へは德川氏の百ヶ條の如き是なり)近時に於いては一般人民に知らしめて、然る後之を施行するを以て原則となす。故に法令に特別の規定あるものの外は一、定の周知期限なるものを設け、此期限を經過するに依りて始めて法律の効力を生せしむるを以て原則となす。

第一卷　統治の主體

國家は統治の客體にあらすして、統治の主體たるは前に述へし所の如し。然れとも本卷に於いては又た別に事實上の見地に於ける國家に關し述ふるの必要あらす。法律上の見地に於ける國家換言すれは國家一切の行爲の泉源たる　天皇の觀念に付き且つ　天皇に關する一二の事項に付き左に之を叙述せむと欲す。

第一章　天皇

我憲法第一章は即ち　天皇に關する規定なり。其第五條乃至第十六條の規定に關しては、卷を改めて之を說くを便なりとなすと雖、其第一條、第二條、第三條及ひ第四條は本章に於いて、專ら準據して論せむと欲する規定なり。

元首の名稱は國によりて一ならす。　天皇、皇帝(例へは羅馬皇帝、獨乙皇帝、露西亞皇帝等)國王(例へは英國國王、普國國王、朝鮮國王等)等の如し。蓋是れ歷史上の理由に基く名稱の相異なりと云ふの外、法律學上に於いては之か爲に一定の元首たる地位に徑庭あることを認むる能はす。王と稱するは元と皇帝の封を受けたるに依れり。朝鮮の元首をもと王と呼ひたるも亦支那皇帝より封を受けたるに依れり。然れとも今日に於いては、王と云ひ、皇帝と云ふも、列國の待遇上、何等別に區別あることとなきなり。

第一節　天皇の觀念

天皇の我國に於いて、統治權の總攬者たるは、嘗て述べたる所の如くにして、且つ憲法(第四條)の明文を以て揭記する所なり。然れとも　天皇の統治權の總攬者たるは、憲法の明文を待ちて始めて然るにあらすして、實に我國體に於いて當初より然る所たり。從て我か憲法に

第一條　大日本帝國は萬世一系の　天皇之を統治す。

第四條　天皇は國の元首にして統治權を統攬し此の憲法の條規に依り之を行ふ。

と規定せるは單に我固有の國體を明にしたるものなりと云ふに止まり、此規定に依りて始めて我か國體か定れるにはあらさるなり。

天皇の何たるかは、統治權の總攬者なりと云ふの一語、之を說明し得て甚た明かなり。只茲に注意すへきは、歐洲に於いて、或は統治權は人民に在り、若くは議會に在り、若くは議會と王とに在りて元首は單に統治權を行使するの機關たるに過きす、換言すれは統治權の體は他に在りて、用のみか元首に在りとなすの觀念ありと雖我國に於いては、體用共に　天皇に在りて存するを以つて、固有の國體となすこと是れなり。

既に　天皇は統治權の體と用とを總攬す。天皇無けれは即ち國家無し。從て萬世一系の　皇統にして斷絕するの日は、即ち國法上に於いて日本帝國の滅亡したるの日なりと謂はさるへからす。天皇と、國家と、相終始して須臾も分つへからさるは、是れ即ち一に國體の然らしむる所なり。

天皇に關し、更らに敍述するの必要あるは、其國法上に於ける地位及び皇位の繼承に關する原則と順序とに在り。

第一節　天皇の國法上の地位

天皇の國法上の地位は憲法第三條に掲記して明なり。曰く

第三條　天皇は神聖にして侵すへからす。

と抑も國の元首にして尙他の權力に服從せさるへからさらむか、元首の元首たる所以は又すてに亡しと謂はさるへからす。何となれは、元首は統治權の總攬者たり換言すれは最高權の總攬者たり、而かも尙他の權力に服從せさるへからさらむか、すてに統治權の總攬者にあらされはなり。是れ國法上に於いては、元首の行爲はすべて他に對して責任なきものなりとせらるる所以なり。

然れとも、何れの國の憲法に於いても、本條に相當するの規定に對しては之か解釋に付き多少の異說あり。今此等學說中の一二を擧くれは即ち左の如し。

一、刑法には皇室に對する不敬罪と稱する重罪あり、之を設けし主旨は即ち本條より胚胎せしなりと云ふ說。

二、天皇は、神聖なりと云ふは、單に公法上に於いて云ふものにして、其私法上の行爲に關してはもとより本條の關せさる所なりと云ふ說。

然れとも第一說は附會に失し、第二說は、私法上の行爲に付きても、元首は又法律上の責任を有せられさるものとなすときは、人民の王に對し、民事上の訴訟を提起するが如きは、到底不可能の事に歸すへきことを恐れたるものなり。然れとも、元首自ら其行爲に付き、法律上の義務に服せらるはもとより本條と相容れさるものにあらす。畢竟、本條は何等の點に於いても　天皇は指斥の外に在りて、法律上の責任なきことを明かにしたるものとす。

歐洲の元首中には憲法の規定によりて始めて其神聖を維持する者ありと雖、我か國　天皇の神聖なるは、憲法の明文に依りて始めて然るにあらずして、建國以來の國體に於いて然るなり。又一の注意すへき要點なり。

第三節　皇位繼承に關する原則及ひ順序

皇位の繼承に關しては、憲法第二條に其規定あり。曰く

第二條　皇位は皇室典範の定むる所により皇男子孫之を繼承す。

と皇位とは御位なり。畢竟統治權の在る所と云ふの義に外ならす。我國に於いて皇位に在るものは即ち　天皇なり。　天皇は統治權を總攬すと謂ふもの亦同一義に出つ。

抑も歐洲に、王は不死なりとの語あり。一の法律上の擬則たり。(擬則とは假定の原

則を云ふ)蓋し　仲哀、應神と御一代毎に就きて云ふときは、降誕ありしものは畏けれとも必す一たひは崩御あらせらるへきか故に、不死なるの理なしと雖、若し崩御と即位との間に間隙ありとなすときは、　天皇の崩御毎に一國は其機能を停止し、天皇の即位に依りて始めて再ひ其機能を完うすることとなる可し。然れとも元首たるものの崩御に依りて、國家は其機能を停止すへきにあらす。是れ此原則を生したる所以なり。抑も國法上に於いて崩御と即位との間には間、髪を容るるの餘地なきなり。請ふ左の條文を看よ。

皇室典範第十條　天皇崩するときは皇嗣即ち踐祚し祖宗の神器を受く。

從て崩御と同時に、後の　天皇は即位あらせられたるものと見るの外なし。固より即位の儀式を行へると否とを問はさるなり。又事實に於いて、三種の神器を受けさせられたると否とを問はさるなり。即位の儀式を行はせられさる間は　天皇にあらさるなりと論するは大に誤れり。加之、是れ王は不死なりとの原則に反するものなり。而して皇位繼承の順序は、即ち皇室典範第一條より第八條に於いて明定せられ、又一系の紊るるを許さす。

第一條　大日本國皇位は祖宗の皇統にして男系の男子之を繼承す。
第二條　皇位は皇長子に傳ふ。
第三條　皇長子在らさるときは皇長孫に傳ふ、皇長子及其子孫皆在らさるときは長次子及其子孫に傳ふ以下皆之に例す。
第四條　皇子孫の位を繼承するは嫡出を先にす、皇庶子孫の皇位を繼承するは皇嫡子孫皆在らさるときに限る。
第五條　皇子孫皆在らさるときは皇兄弟及其の子孫に傳ふ。
第六條　皇兄弟及其の子孫皆在らさるときは皇伯叔父及其の子孫に傳ふ。
第七條　皇伯叔父及其の子孫皆在らさるときは其以上に於て最近親の皇族に傳ふ。
第八條　皇兄弟以上は同等内に於て嫡を先にし庶を後にし長を先にし幼を後にす。
上代我か國女帝なし。推古天皇以來此例ありと雖、皆一時の權宜に出つるのみ。國家の成法にあらす。而して今後は皇男子孫にあらされは、皇位に即かせらるへからさることを規定せり。其法先つ直系に下り嫡を先にし、庶に及ひ次いて傍系の最近親なるものに及ふものとす。

第二章　攝政

獨任君主制の國家に於いて、元首未成年なるか若くは久しきに亘りて大政を親らすること能はさる事情あるかの場合に事實上其能力を補充する爲めに、設けらるる所の制度を名けて攝政と云ふ。攝政を置くは、我國古來其例あり、而して左の二條は明文を以て之を明にしたるものなり。

憲法第十七條　攝政を置くは皇室典範の定むる所に依る。攝政は　天皇の名に於て大權を行ふ。

皇室典範第十九條　天皇未た成年に達せさるときは攝政を置く。天皇久きに亘るの故障に由り大政を親らすること能はさるときは皇族會議及樞密顧問の議を經て攝政を置く。

攝政は皇室典範第五章の規定により、自ら其地位に就くものにして、天皇の委任を受け其位を保つに非す。「天皇の名に於て之を行ふ」とあるか故に攝政は大權を行使し、而して其行爲は同時に、國家の行爲たり。此場合に於いて、天皇は天皇の御位を失はるるに非す、統治權は依然として天皇之を總攬し給ふなり、攝政は之を行使するによりて統治の作用を全うするものなり。攝政は大權の總てを行ふを得へし、唯憲法及ひ皇室典範の改正は何等の事情あるも之を行ふことを得す、（第七十五條）以て憲法の用意の存する所を窺ふことを得へし。

攝政に任するの順序は皇室典範第二十條及ひ第二十一條に規定せらる。即ち左の如し。

第二十條　攝政は成年に達したる皇太子又は皇太孫之に任す。

第二十一條　皇太子皇太孫在らさるか又は未た成年に達せさるときは左の順序により攝政に任す。

第一　親王及王

第二　皇后

第三　皇太后
第四　太皇太后
第五　內親王及、女王

然れとも攝政又は攝政たるへきもの、精神若くは身體の重患あり又は重大の事故あるときは、皇族及ひ、樞密顧問の議を經て此順序を換ふることを得るは皇室典範第二十五條に規定する所なり。而して又配偶ある皇族女子は攝政に任することを得さるものとす、（第二十三條）

第三章　皇室典範

本卷を終ふるに臨み、皇室典範の性質に付き、附加して一言するは蓋し無用にあらさるへし。

或は曰く、皇室典範は單に皇家の一家法たるに止り、一般臣民に對して効力あるものにあらす、從て憲法及ひ法律と大に其性質を異にすと。然れとも皇室典範は皇家の一家法たるに止まらすして亦、重要なる國法の一たるなり、例へは　天皇幼冲に渡らせらるる場合等に於ける攝政の規定若くは即位の順序に關する規定の如きは、國法中の最も重大なるものに屬し、決して皇家の一家法を以て目すへきものに非す。

第二卷　統治の客體

第一章　日本臣民

第一節　何を日本臣民と云ふか　附臣民籍

何を日本臣民と云ふか。曰く、日本臣民と外國人民とは、人種に依りて之を別つことを得す。碧眼金毛なる者も一朝歸化する時は、日本臣民たることを得れはなり。又納税の義務、兵役の義務等を以ても之を別つ事を得す。（往時、國に依り外國人に對しても、兵役の義務を負はしめし例あり）。或は外國人に參政權なく、日本臣民に之れ有りと謂ふか。然れとも、日本臣民と雖、亦之れ無きものあり。畢竟、日本臣民と外國人民との區別は、其服從の義務の根據に於いて相同しからさるの點に在り。蓋し外國人如きは我國に入りて後、始めて服從の義務を生するものにして、服從するを厭はは何時にても我國を去るに由りて、直ちに其義務を免るることを得へし。之に反し日本臣民は外國に在るも服從の義務を免るることを得さるなり。

日本臣民の一分子たるの狀態を稱して日本臣民籍に在りといふ。

臣民、人民及ひ國民の文字は我國に於いては畢竟同一の意味に歸着すと雖、之を歐洲の人民に用ゐれは必すしも然らさるなり。

臣民とは始めより元首に對し、絕對的服從の義務ある者、換言すれは君主國の人民に對する文字にして、佛國人民の如く、大統領も人民も、本來平等の關係の上に立つものに對しては、之を人民と云ふことを得るも、臣民と云ふことを得す。我憲法に於いて臣民と稱し、人民と謂はさるは大に味ふへきなり。而して國民とは單に或一國を組織する團體員の義にして、君主國に於いても、共和國に於いても共に此語を用ゐることを得へし。

第二節　日本臣民たる者の要件

憲法第十八條に曰く。

第十八條　日本臣民たるの要件は法律の定むる所に依る。

と。本條は法律を以て定めたる要件を備ふる者に非れは縱し、日本國內に生活し、居住するも、日本臣民に非さることを示せるなり。而して國籍法(明治三十二年三月法律第六十六號)は即ち本條に所謂要件を規定せるものなり。其要件の重なるもの左の如し。

(一)出生
(二)婚姻
(三)歸化

(一)父母共に日本人たる場合に、子はもとより日本人なり。父、日本人にして母外國人たる場合も亦、子は日本人なり。父、國籍不明にして母、日本人たる者の子は、日本人なり。父母の判明せさる棄兒にして日本の疆土內に生れたる者は日本人なり。

(二)外國人か、日本人の妻となるときは、日本人となるなり。日本人の入夫となるもの、及ひ養子となるもの亦同し。或は是等を稱して法律上の歸化と謂ふ。

(三)歸化とは通常任意上の歸化を云ふものにして、法律上の歸化を云ふものにあらす。外國人は內務大臣の許可を得て歸化することを得。然れとも獨り內務大臣の裁量に依りて之を許否するを得るにあらすして、法律は左の要件を備ふるを要すと規定せり。（但し日本に特別の功勞あるものは、是等の要件を備へすと雖、內務大臣に於いて勅裁を經て特に歸化を許可することを得るものとす）。

1. 五年以上我國に住所を有するもの。
2. 成年に達したる者。（成年とは滿二十歲を云ふ。國に依り二十五歲、廿二歲、十八歲等の別あり）
3. 品行端正なる者。
4. 獨立の生計を爲すに堪ふる資產ある者若しくは特殊の技能ある者。
5. 國籍を有せす、又は日本の國籍の取得に因りて其國籍を失ふへき者。

其他、日本人たる父、又は母に依りて認知せられたるものの如きも亦日本人たるものとす。

歸化したる者は即ち日本臣民なりとす、其餘政權に於いて多少制限せらるる所あり。即ち左の官職に就くことを得す。

（一）國務大臣
（二）樞密顧問官
（三）宮內勅任官
（四）特命全權公使
（五）陸海軍の將官
（六）大審院長、會計檢査院長、行政裁判所長
（七）帝國議會の議員

第三節　日本臣民の義務

國家に對し始め絕對的に服從するの義務ありて、之に拮抗するの權利なきものを人民となす。而して憲法第二章は特に日本臣民の權利義務に關し、揭記する所あり。其主旨如何。

抑も憲法は統治權者か無限なる統治權の行使に關し、自ら其意思を制限するに依りて生する所のものなり。是れ一は以て統治權の發動に關し、之か常規を制定し、之に依りて國家の隆昌を期圖せんか爲にして、又一は以て國家の分子たる人民の

康福を期圖せんか爲に外ならす。而して此二樣の事項は二にして一たり。一にして二たり。今恭しく之を憲法發布の勅語に徵せんに曰く。

朕國家の隆昌と臣民の慶福とを以て中心の欣榮とし、朕か祖宗に承くるの大權により、現在及ひ將來の臣民に對し此の不磨の大典を宣布す。

と。又曰く。

朕祖宗の遺烈を承け、萬世一系の帝位を踐み、朕か親愛する所の臣民は即ち朕か祖宗の惠撫慈養したまひし所の臣民なるを念ひ、其の康福を增進し、其の懿德、良能を發達せしめむことを願ひ、又其の翼賛に依り與に倶に國家の進運を扶持せむことを望み、乃ち明治十四年十月十二日の詔命を履踐し、茲に大憲を制定し云々。

と、以て聖旨の存する所を窺ふことを得へし。然り而して、憲法は如何にして能く其主旨を貫徹せんと欲せるか。憲法の規定する所の全般は、もとより皆此主旨に出つるに外ならすと雖、又臣民の權利義務は即ち之を憲法に保障し、其之に對する制限を必要とするものは主として法律を以て規定せむと欲するか如きは、其最も著しきものならすむはあらす。若し夫れ憲法にして公布せらるるも臣民の權利、義務と並に立法の府たる帝國議會との規定を欽如せんか、憲法の價値は又決して爾く重要なりと云ふことを得さらむ。

臣民の權利に關する憲法の規定に關しては之を次章に解説すへし。本章に於いては先つ義務に關する憲法の規定に關し、之を說述すべし。

義務は法律上の强制なり。拒否することを得す。此點に於いては國家の命する所は凡て臣民に對して不可抗の義務なり。然れとも憲法は特に其重要なるものに付きて之を規定せるに止まり、一般の義務に付きて規定する所なし。然れども又一面に於いて其權利を保障せるは、即ち他の一面に於いて、義務の範圍を限界せる所以なり。何となれは權利として臣民に賦與せらるる範圍は、國家の義務として强制することを爲さざることを示す所の範圍なれはなり。

憲法第二十條及ひ第二十一條は即ち義務に關する規定なり。而して第二十條は兵役の義務を規定し。第二十一條は納税の義務を規定せり曰く。

第二十條　日本臣民は法律の定むる所に從ひ兵役の義務を有す。

第二十一條　日本臣民は法律の定むる所に從ひ納税の義務を有す。

と而して此等の規定は各二個の重要なる意義を包含せり。即ち一は兵役及ひ納税は日本臣民の義務として永遠に奉行すへきものなることを示し、又一は此等の義務は皆法律を以て更に之を規定すへきものなることを示せることと是れなり。(憲法に所謂法律とは、すへて總論に述へたる所謂狹義の法律、即ち帝國議會の協賛を經たる法律を指すものとす)兵役と租税とは國家の依りて以て其生存と、獨立と、光榮とを保護する所以の要件にして、國家の分子として臣民の分もとより之に服せさるへからさるの義務たり。然れとも又、無限に其役務を徴發し、其財力を吸收するは國家の進運を扶持し、臣民の康福を保全する所以にあらす。是れ其義務の體樣と分量と、程度とを決するは、特に臣民の公選に成る議員と、學識と、經驗とに於いて一代の選となして國家の任命する議員とより成る所の帝國議會の協賛を經たる法律を以てすへしとなせる所以なり。

兵役及ひ租税の性質及ひ現行法は之に關し如何に規定せるかは後卷に至りて略説する所あるへし。

第四節　日本臣民の權利

權利の性質に付きては、又玆に之を重言するの要なし。而して又憲法に於いて、日本臣民の權利及ひ義務に關し、之か保障の規定を揭けたるは、即ち憲法か重典たる一の理由として、其重きに數ふへきものなるは、前節に之を論せし所の如し。日本臣民の權利の保障に關し、我憲法に規定する所は、すへて十條に亘り、而かも頗る論究すへき點少きにあらす。然れとも此の如きの詳を論するは本書の目的にあらす、且つ徒らに學者の惑を促すに過きさるを思ふか故に、此には只順次大體に付き各條の精神を解說するに止まる。

第十九條　日本臣民は法律命令の定むる所の資格に應し均く文武官に任せられ及其の他の公務に就くことを得。

本條は維新改革の美果の一なり。往昔は門地を以て品流を差別せしも、今日は相當の資格たに具はれは、氏族門閥に拘はらす登用せらるることを得るなり。然れとも、資格たに具はれは必す登用せらると云ふに非す。其之を採用すると否とは元より國家の任意なり。

玆に之を附言するの要あるは人民の權利は法律の前には凡て平等なること

是れなり。法律上、士族は平民よりも權利重く、華族は、士族よりも權利大なるにあらす。華族か厚遇せらるるは皇室の藩屛たるの故を以て、多少異なりたる殊遇を受くと云ふに過きす。法律上の權利に差異あるにあらさるなり。

第二十二條　日本臣民は法律の範圍内に於いて居住及ひ移轉の自由を有す」

本條は人民の居住及ひ移轉の自由を規定せるものなり。現今、人民の住居及ひ移轉の自由を制限する所の法律は例へは刑法中監視の規定の如き（監視に附せらるる者は監視の年月間、移轉の自由を制限せらるるものなり）、傳染病豫防法の如き（患者を傳染病院又は隔離病舍に收容するか如き、交通を遮斷するか如き場合は即ち然り）、精神病者監護法等の如き（精神病者は原則として後見人、配偶者、戶主又は親族に於いて之を監護するの義務あり、従て精神病者は時として居住及ひ移轉の自由を失ふものなり）是れなり。

第二十三條　日本臣民は法律に依るに非すして逮捕、監禁、審問、處罰を受くることなし。

本條は人身の自由を保障せるものなり。而して警察官若くは裁判官か法律に依らすして人民を逮捕し、監禁し、審問し、或は苛酷の所爲をなすときは刑法に特に其罰を加重せり。

本條に逮捕とは人の自由を束縛して之を抑制するを云ひ、監禁とは一定の場所に拘禁するを云ひ、審問とは拷問と異なり、單に就きて訊問するの謂なり。彼の苦痛を與へて罪狀に服せしむるか如きは近時各國の法制の非認する所なり。又處罰とは所謂刑罰と、強制罰(行政上の目的を強行するの手段)との二者を指すものにして所謂懲戒罰を含まさるものと解するを穩當とす。

第二十四條　日本臣民は法律に定めたる裁判官の裁判を受くるの權を奪はるることなし。

本條は日本臣民か裁判を受くるの權利を保障したるものなり。判事故なくして裁判を受理せす、又は遲延するときは刑法上の制裁を免れす、試に本條の規定を我國の徃時若くは支那、朝鮮等の現時に比較せは日本臣民たる者の幸福果して幾何ぞ。

第二十五條　日本臣民は法律に定めたる場合を除く外其の許諾なくして住

所に侵入せられ及捜索せらるる事なし。

本條に於て所謂住所とは普通に所謂住所のみならす、例へは船を常住となすものある時は、船も亦一の住所たるものとす。本條の權利は何れの國に於いても法律を以て保護せらる。蓋し人の生活の平和を保障せむか爲めに設けられたる規定なり。許諾なくして人の家宅に侵入するときは刑法上の犯罪を搆成す、家宅侵入罪是れなり。

第二十六條　日本臣民は法律に定めたる場合を除くの外信書の秘密を侵さるることなし。

本條は信書秘密の自由を保障せり。他人の信書を開披するは道德上に於いても其罪大なり。刑法には正條なけれとも郵便條例には其罰則を規定せり。唯戒嚴と、犯罪との場合に於いては、固より其秘密は保障せられさるなり。（戒嚴の何たるかは後卷に於いて之を説明すへし）

第二十七條　日本臣民は其の所有權を侵さるることなし

公益の爲め必要なる處分は法律の定むる所に依る。

本條は學者間に最も議論ある規定なり。然れとも今之を詳述するの遑なし。所有權とは法令の制限內に於いて物を使用し、收益し、處分するを得る權利なり。法律は如何なる場合に之を侵すことを認むるか。曰く土地收用法、徵發令、各種の稅法等に規定する場合は其主なるものなり。其他尙頗る多し、今一々枚擧するに遑あらす。

第二十八條　日本臣民は安寧秩序を妨けす及臣民たるの義務に背かさる限りに於て信敎の自由を有す。

信敎は專ら人心の內部に屬し、固より國法の干涉すへき所にあらす。唯其外部に現はれて安寧、秩序を妨くるか、若くは臣民たるの義務に背く場合に國家は始めて之に干涉するに過きす。而して其干涉するは單に國家に害あるか故に之を制限するに止まり、決して信敎其ものに付きて之を制限するにあらす。歐洲諸國中には國敎なるものを認めて特に之を保護し、他の宗敎を排斥するものあり。我國に於いては曾て此事なし。

第二十九條　日本臣民は法律の範圍內に於て言論、著作、印行、集會及結社の自由を有す言論、著作、印行、集會及ひ結社の如きは最も人の思想の發達に資し、文運の隆盛を致すに與りて力あるものなり。故に憲法は之か自由を確保せり。但た他人の榮譽を傷害し、治安を妨け、若くは罪惡を敎唆する等の虞あるに當り、法律を以て之を制限するのみ。

第三十條　日本臣民は相當の敬禮を守り、別に定むる所の規程に從ひ、請願を爲すことを得

請願は凡そ臣民より國家に對して哀求する願意の申請の手段なり。議院に提出する請願は議院法に規定するか如く、哀願の體式を用ゐ、議員の紹介を以て提出すへきものとす。然れとも憲法變更の請願は之れを呈出することを得す。若し議會に於いて採擇すへきものと決するときは意見書を付して之を政府に轉送すへきものとす。

以上述ふる所の十條は、平時に於いて日本臣民の權利は、主として法律に依るにあらされは侵犯せらるることなきことを規定せるものなり。而して憲法第二章には更に二の規定あり。第三十一條及ひ第三十二條是れなり。第三十一條に曰く

第三十一條　本條に掲けたる條規は戰時又は國家事變の場合に於て天皇大權の施行を防くることとなし。

と本條は憲法の全體より見るときは、極めて重大なる規定なりと謂はさる可からす。抑も國家と雖、其自ら定めたる法規を恪守せさるへからさるは云ふを待たすと雖、非常の場合に國家の生存を維持するか爲めに、一時臣民の權利を停止するは止むを得すと謂はさるへからす。夫れ曾て論せし如く、臣民にもと固有の權利なし法か認むるに依りて法律上の權利たり。臣民に固有の義務あり、法か範圍を定めて强制するに依りて法律上の義務たり。此故に戰時又は國家事變の時に際し、國家か固有の權力に依り、臣民法律上の權利の全部又は一部を停止することを得るはもとより當然なるのみ。然れとも若し憲法に此規定を缺かんか即ち一部憲法の停止なり、此規定あるに依りて實際憲法の一部を停止するも尙違憲にあらす。學者、國家の此權力を稱して國家の緊急權と名く。第三十二條に曰く

第三十二條　本章に掲けたる條規は陸海軍の法令又は紀律に牴觸せさるものに限り軍人に準行す。

と軍人も亦等しく國家の臣民なりと雖、天皇の軍隊の統帥權に服從するの結果國家に對し、自ら特殊の義務を負へり。是れ本條に軍令軍律に抵觸せさる場合に限り軍人に對し、本章の規定を適用すへきことを規定せる所以なり。

第五節　日本臣民の權利又は利益侵害に對する救濟の手段

日本臣民の權利又は利益の侵害に對し、法律上執ることを得る所の救濟の手段に四あり。

(一)請願
(二)訴願
(三)訴訟
(四)行政訴訟

請願の何たるかに付きてはすてに之を述へたり。訴願、訴訟、行政訴訟の何たるかに付きては後卷に之を略述すへし。

第二章　領土

領土は嚴格なる意義に於いては、統治權の効力の範圍を區劃するの障屛にして、以て統治の客體なりと云ふことを得すと雖、便宜の爲に附記して左に之を説明すへし。

往時の學者は領土に對する國家の權力は即ち土地の所有權なりと説きたりと雖、是れ誤りたる解釋なり。

凡そ法律の解釋を試むるに當り、公法上の法理と、私法上の法理とは明に之を區別せさるへからす。例へは政府か公益の爲に土地を收用する場合に、之に對し相當の賠償を與ふと雖、土地の收用は土地の賣買にあらす。從て其法理に於いて大に相違あることを免れす。即ち土地の收用は國家の權力に基く公法上の行爲にして、元來より云へは賠償せさるも亦不可なきなり。從て權利關係に基く賣買契約の法理を以て之を説くことを得さるか如し。

國家の領土に對する關係は、公法上の關係にして、所有權の法理を以て説くことを得す。所有權は單に民法上の權利たるに過きされはなり。又古き學說に依れは、國家の統治權は土地其れ自身に對するものなりと謂へり。然れとも權力なるものは意思ある人に對してこそ行はるれ。意思なき死物に對して行はるへきものにあらす。例へは山中を旅行し、四隣人なき場合に、如何にして權力を行ふことを得へきか。之に同しく國家も亦、人民に對してこそ其權力を行ふことを得るなれ。畢竟領土なるものは、國家か其權力を行使し得る區域の限界をなすものたるに過きさるなり。

凡そ一國の法律は、其領土内に於いてのみ行はるゝを以て原則とす。故に一國の領土内に於いては外國の權力は決して行はるることなきものなり。只軍艦及ひ公使館の如きを之か例外とす。若しも一國か他國の領土に對し、其權力を行ふことを得は國と國との疆域は何の爲にか其必要あらむや。故に外國の犯罪人か我國に逃け來るも外國の逮捕官吏は直ちに我國内に蹈み込みて之を捕縛すること能はす。國際法に依りて我國政府に對し之れか引渡を請求せさるへからさるなり。

國に依りて憲法に土地は割讓することを得すと規定するものあり。之に反し我國に於いては之を以て一に　天皇の大權に委し憲法に何等規定する所あらす。或は又憲法に領土の區域を規定するものあり。此等の憲法に於いてはすへて土地の割讓ある每に憲法を改正せさるへからす。

馬關條約の結果として我國の領土となりし臺灣に當然我か憲法の行はるるものなりや否やは曾て學者間に頗る議論ありし問題なり。或は曰く憲法制定の當時に於いては臺灣の我か領土となるへきことを豫想せす、從て特に之を臺灣に行ふと明言せさる以上は憲法は臺灣に行はれさるなりと。然れとも是れ憲法第四條の規定と相容れさるものにして、甚根據に乏しき說なりと謂ふへし。既に「此の憲法に依り統治權を行ふ」と云ふ以上は、臺灣にも亦憲法の行はるることと云ふ迄も無き所なり。但し臺灣總督は法律の規定により臺灣に於いて法律の効力を有する命令を發することを得るの權限を有し、而して現行又は將來の法律の全部又は一部を臺灣に施行するを要する場合には、特に勅令を以て之を規定すへきものとす。若しも最初より憲法か臺灣に行はれさるものならむには、別に法律を以て彼の如き權限を臺灣總督に委するの要なき理なり。

第三卷　統治の機關

君主國體の國に於いて、統治權は君主の總攬せらるる所なり。然れとも、如何に多能の君主と雖、一切の國務を擧けて親ら之を處理し了せられむは難し。加之、是れ憲法の主旨と相反す。統治の機關を設置するの必要ある所以なり。

統治の機關は種々の標準に依りて、種々に之を區別する事を得へし。今序を逐うて之を擧示すへし。

第一章　憲法上の機關及非憲法上の機關

憲法上の機關と、非憲法上の機關との區別は一に其憲法の規定に基きて、設置せらるる所なりや、否やの標準に基くに過きす。憲法上の機關は即ち左の如し

一　帝國議會
二　國務大臣
三　樞密顧問
四　裁判所

五　會計檢査院

憲法上の機關は總へて憲法を改正するにあらされは、之を廢止する事を得す。此中帝國議會の組織權限等は憲法に之を掲記すと雖、裁判所及ひ會計檢査院の組織權限は、憲法自ら之を法律の規定に委任せり。以て裁判所及ひ會計檢査院も亦國法上極めて重要の機關なりと雖、帝國議會か一切の法律に參與するの機關たる上に於いて、特に憲法か之を重視せることを見るへし。

憲法上の機關にあらさる一切の機關は即ち非憲法上の機關なり。

或は　天皇を以つて統治の機關なりと論する學者あり。此說に從へは　天皇も亦一の憲法上の機關なりと謂はさるへからす。然れとも、若しも　天皇を機關なりと謂はは、統治權は　天皇の固有の大權にあらすして、單に一種の權限たるに過きす。我國の歷史に於いて、統治權は　天皇固有の大權にして、國民の委任に基て有し給ふ所に非るは屢述へたる所の如し。

第二章　大權機關、立法機關、司法機關及び行政機關

統治權は後卷に述ふるか如く本質に於いて之を分割すへからす。然れとも、觀察の方面を異にするに依り、或は之を立法權と名け、或は之を司法權と名け、或は之を行政權と名く。而して我憲法に於いては此他尙憲法上の大權なるものを認むるを可なりとす。此點につきては更に次卷に之を叙述すへし。本章に於いては唯、是等統治權の作用の異なるに依りて、之に參與する機關にも亦立法機關、司法機關及ひ行政機關の區別あることを云ふに止まる。而して此他尙憲法上の大權の行使に參與する機關あり。國務大臣及ひ樞密顧問是なり或は名けて大權機關といふことを得へし。先つ之を論せむ。

第一節　國務大臣及ひ樞密顧問

第一項　國務大臣

國務大臣とは要するに　天皇を輔弼し、法令の副署を以て任となす所の憲法上の機關なり。憲法第五十五條に曰く。

第五十五條國務各大臣は　天皇を輔弼し其責に任す、

凡て法律勅令其他國務に關する詔勅は國務大臣の副署を要す。

と國務大臣の職司は又甚た明なりと謂ふへし。

大臣の稱あるものは、必しも皆國務大臣なりといふことを得す。宮内大臣、内大臣は國務大臣にあらす。從て　天皇を輔弼し、法令の副署を以て任となす所の憲法上の機關にはあらす。

然れとも本條は頗る議論ある規定にして、學者の之に對する見解一途に出てす而して其最も議論あるは責任の意義に關してなり。

抑も本條に所謂責任か觀客的の意義を有するにあらさるは論なし。客觀的の責任とは、例へは外國の彈劾の制度の如きを云ふなり。國務大臣か法律に違背せる行爲をなせるか。或は政治上若くは德義上に於いて失體ありしかの場合に議會か大臣を彈劾するを認むる國あり。是れ大臣か議會に對し責任を負ふものなり。我國體とももとより相容れす。

或は本條は大臣か人民に對して責任を負ふことを明にせるなりと唱ふる說あり。然れとも是れ統治權か人民にあるの國に於いて始めて主張するを得へし。又我國に於いて採ることを得す。

或は曰く、本條は國務大臣か一般官吏と異なる責任を負ふことを示せるなりと、其說に曰く、一般の官吏は上官の命令を受けたる場合に、其命令か(一)上官の權限內に屬するか(二)自己の權限內に屬するか(三)法律上必要の形式を具備するかを審査し、此三點に於いて上官の命令か欠點あるに係はらす之を執行する時は、下級官吏は上官の命令なりとの故を以て其責任を辭することを得すと雖、命令の實質に於いて違法なるものは、下級官吏に於いて之を拒むの權なし從てもとより其責に任することとなし、是れ一般官吏の責任なり、然れとも國務大臣は本條の規定に依り、命令の實質か違法なる場合に於いても、口を元首の命令に藉りて副署の責を免るることを得す、蓋し元首は神聖にして無責任のものなれはなりと。

然れとも、上官の命令か形式上の違法なると實質上の違法なるとに依りて、下級官吏の責任の有無を決せんとするか如きは、不可思議の議論なりと謂ふへし。其何れの場合たるを論せす、若しも下級官吏にして上級官吏の命令を拒むことを得るものならむには、法律解釋の權は常に下級官吏に在りて、上級官吏に存せすと謂はさるへからす。而かも尚此の如くにして行政の統一を欠くことなきを得るか。斯へ云はは上級官吏か下級官吏に對し私事の斡旋を命したる場合にも、下級官吏は尚服從の義務ありやとの疑問を生すへし。然れとも上官には又吏に上級の監督權者あり。從て下級官吏か絶對的に上級官吏の命に服從せさるへからさるか爲に國政の進捗に何等の不便なし。故に予は何等の、場合に於いても、下級官吏は上級官吏に對し服從の義務を免れさるものなることを信するなり。

予は本條に於ける大臣責任の文字は法律上に於いては、畢竟重きを置きて視ることを得さる者なりとなす。蓋し　天皇はもとより大臣を任免するの權あり、大臣は妄りに其職を辭するを得す、從て元首の命令か大臣の意見と相容れさる場合と雖、大臣は其私見に依りて之を拒むの權なし、而かも、　天皇は神聖にして侵すへからす、既に然り、獨り大臣のみか責を有すと云ふは解すへからす(法律上に於いて而して其他の場合に於いて(例へは委任を受けて國政を行ふ場合に)大臣か　天皇に對して責を負ふは當然なりと雖、是れ一般官吏のすへてか然る所にして、獨り大臣のみか然るにあらす。必しも本條あることを要せさるなり、畢竟、本條に於いて　天皇を輔弼するといふは、國務大臣か　天皇に密接するより生する政事上の意義に外ならす、再言すれは法律上、一般官吏と異なる特殊の責任は即ち無きなり、從て本條の規定は政事上の意義に於いて解すれは即ち支障なしと雖、法律上に於いては重きを置きて視ることを得さる條文なりと云ふの外なし、蓋し本條は歐洲に於いて君主か無責任なるより、議會か大臣を彈劾すといふの制度に其沿革を發せるものなり。

副署は主管の大臣之を爲すを通例とすと雖、重大の法令詔勅等には國務大臣總へて副署することあり。而して副署は事實上より云へは、法令詔勅等の公布に大臣か參與したることを示すの手續たるに止まり、法律上より云へは法令詔勅等の適法なるか爲めに必要の形式なり。

副署とは要するに國務大臣か法令の制定に參與したることを示すか爲に署名するの義に外ならす。

第二項　樞密顧問

憲法第五十六條に曰く

第五十六條　樞密顧問は樞密院官制の定むる所により　天皇の諮詢に應へ
　重要の國務を審議す

と。要するに樞密顧問は　天皇諮詢の最高機關なり。樞密院官制第一條、第六條及び
第八條は其職權と、性質とを示し得て明なり。曰く

第一條　樞密院は　天皇親臨して重要の國務を諮詢する所とす。

第六條　樞密院は左の事項に付諮詢を待て會議を開き意見を上奏す。

一　皇室典範に於て其權限に屬せしめたる事項。

二　憲法の條項又は憲法に附屬する法律勅令に關する草案及疑義。

三　憲法第十四條戒嚴の宣告同第八條及第七十條の勅令及其他罰則の規定
　ある勅令

四　列國交渉の條約及約束。

五　樞密院の官制及事務規程の改正に關する事項

六　前諸項に掲くるものの外臨時諮詢せられたる事項。

第八條　樞密院は行政及立法の事に關し　天皇の至高の顧問たりと雖も施政

に干與することとなし。

と以て樞密院顧問か　天皇の大權の行使に關し、重要の諮詢機關たるを見るへし樞密院と議會との異なる要點は、議會には發議の權あれとも樞密院には、發議の權なく、又其組織及ひ權限に於いて相同しからさるに在り。而して其議會と相同しき點は、兩者共に上に對して意見を述ふるに止り、下に對して命令を行はさると、並ひに其議決の府なるとに在り。

第二節　立法機關

立法機關は即ち帝國議會なり。今之に關し、憲法の規定に從ひ、序を逐うて概說すへし。

之に先ちて一言すへきは、即ち帝國議會の國法上の地位是れなり。

帝國議會とは何そや。曰く主として立法及ひ豫算の決定に協賛するを以て權限となす所の憲法上の機關なり。從て又帝國議會は統治の機關にして統治の主體若くは統治の客體にあらさるは論を待たす。然れとも此見解は我國に於いて然りといふのみ。歐洲諸國に於いて或は議會に統治權ありとなし、或は元首と之を共有すとなすの觀念あるは嘗て述へし所の如し、是等の觀念は即ち議會を以て統治の主體なりとなすものなり。而して此他猶ほ議會は全國人民を代表するものにして、統治の客體なりとなすの見解あり。然れとも、若しも議會にして人民を代表し、且つ統治の客體なりと謂はは人民の總意なるものを認めさるへからす。夫れ人民の各個人に付きて云はは各意思ありと雖、一般人民の意思なるものは何の所にか之を認めんや。議員は法理上に於いて決して選擧區民の意思を代表するの義務あるものにあらす。且つ議會には人格なし。人格なきものを統治すといふは、牛馬木石を統治すといふに同し。故に此の説も亦誤れり。

以下憲法の規定する所に從ひ、順次に其構成、權限及ひ議員の特權等に付き左に之を述ふへし。

第三十三條　帝國議會は貴族院衆議院の兩院を以て成立す。

今日の立憲諸國中、一院制を執るものは瑞西、獨逸聯邦、其他の小邦あるのみにして、其他は皆二院制を採用せり。蓋し一院制の弊は感情の爲めに激動せられ政府と衝突したる場合に之を調和するの途なきに在り。二院制に在りては兩院互に其短を補ひ、相拘制して國家の利益を增進することを得へし、例へは物體を視るに一眼を以てするよりも、兩眼を以てするの明なるに如かさるか如し、貴衆兩院は合體して一の帝國議會をなすなり。例外の場合を除くの外、法律は貴衆兩院の各孤立して存在することを認めす。換言すれは一院の議決は未た之を以て議會の意思なりと認むることを能はす。例外の場合とは上奏、建議、請願、又は貴族院令の改正並ひに華族の特權（特權あるか爲に四民の權利か平等なりといふことを妨けす）に關する貴族院の決議等に關する場合を云ふ。

第三十四條　貴族院は貴族院令の定むる所に依り皇族、華族及勅任せられたる議員を以て組織す

本條は貴族院の組織を定めたるものなり。

貴族院は五種の原素より成立す。第一、皇族の男子にして成年に達したる者。（皇族中　皇太子、　皇太孫は滿十八年其他は凡て一般人民と同しく滿二十年を以て成年とす）第二、公侯爵を有し滿二十五年に達したる者。第三、伯、子、男爵を有し滿二十五年に達し、同爵中より選擧せられたる者。第四、國家に勳勞あり、又は學識ある滿三十

年以上の男子にして勅任せられたる者。第五、各府縣に於いて滿三十年以上の男子にして、多額の直接國稅を納むる者十五人の內より、一人を互選し、其選に當り勅任せられたる者是れなり。以て貴族院か地位と、經驗と、學識と、富とを代表するの機關なることを見るへし。

第三十五條　衆議院は選擧法の定むる所に依り公選せられたる議員を以て組織す。

本條は衆議院組織の要件を定むると同時に、其の詳細は衆議院議員選擧法に依りて定むへきことを規定せしものなり。

衆議院議員選擧の方法は、國に依りて相違あり、例へは直接選擧、間接選擧、普通選擧、制限選擧等の別あり、又投票にも單記、聯記、制限聯記、記名、無記名等の別あり。

現行の方法は直接選擧にして選擧人直ちに選擧を行ふ者なり。間接選擧とは選擧人自ら選擧を爲さす、先つ一般選擧人中より一定の人を選擧し、其選擧せられたる人をして更に選擧を行はしむるものなり。今其害を論すれは、間接選擧の弊害は一、手數の繁雜なる事。二、選擧の冷淡なる事。三、賄賂の行はれ易き事。四、意外の人か選擧せらるる事等なり。而して其利益は一、多少人物を選擇するの便ある事。二、比較上選擧人は責任を重んすへきか故に選擧の公平を保ち得へき事等是れなり。

普通選擧とは、選擧人の財產資格に何等の制限を設けさるものを云ひ、其之に反するものを制限選擧と云ふ。現行法(明治三十三年三月改正)に於いては制限選擧の法を執れり。即ち一、日本臣民の男子にして滿二十五歲以上の者なること。二、一年以上其選擧區內に住居を有し、仍引續き有するものなること。三、一年以上地租拾圓以上又は二年以下地租以外の直接國稅十圓以上、若くは地租と其他の直接國稅とを通して十圓以上を納め仍引續き納むるものなることを要するものとす。納稅資格に制限を附するは、多數國民中には國政の何たるかを知らす、且つ選擧すへき代議士に付き何等の定見もなくして選擧權を行ふもののなきを保せさるか故に、如上の納稅資格あらは多少の敎育並ひに定見もあるへしとの意味を以て此の如き規定を設けしなり。

單記投票とは一人の選擧人をして一人の被選擧人に投票せしむるの方法なり。故に二人以上選擧すへき區に於いては、選擧人も一人の外投票することを得さるなり。之に反し聯記投票は定員のすへてに對し投票することを得せしむるものにして、聯記投票は大政黨に利益多く、單記投票は少數者に利益多きものとす。若し選擧をして各種の意見を反映せしむへきものならしめは、少數者の意見も亦もより十分に保護せさるへからさるは論を待たす。制限聯記とは定員中の幾許かに對し投票せしむるの制度にして、其の利害亦單記聯記の中間にあるものとす。現行法に於いては單記投票の方法を採用せり。

此他記名投票と無記名投票との別あり。前者は選擧人、投票に自己の姓名を記するものにして、後者は選擧人の姓名を記さゝるものなり。亦各利害あり。選擧の公平は無記名の方法によりて多く保ち得へきに似たり。現行法に於いても亦此方法を採用せり。

第三十六條　何人も同時に兩議院の議員たることを得す。

既に兩院の制度を採用せり。然るに若しも一人の議員にして、兩院の議員たることを得せしめは、其極遂に一院制と擇ふなきに至らむ。是れ本條の規定ある所以なり。

第三十七條　凡て法律は帝國議會の協贊を經るを要す。

本條の解釋に付きては尚次卷に之を說明する機會あるへし。此に法律と云ふは所謂狹義の法律を云ふものにして本書の始に於いて論したる法律と同しからす。會國に於いて法律の制定はもとより　天皇の大權に專屬すと雖、只必すや帝國議會の協贊を經さる可らさるのみ。往時の學者中往々にして英國君民同治の主義を以て直に之を我憲法の上に移し來り、立法權は　天皇と議會との共有する所なりと論せし者ありと雖、斯くの如くは第四條に　天皇は統治權を總攬すと謂ひ、第五條に　天皇は立法權を行ふと謂ふの條文を抹殺するものと謂はさるへからす。論者の如きは畢竟我國體と並ひに我憲法の明條とを度外視するものにして、且つ協贊の性質を過重視するの誤謬に陷れるものなり。事實に於いてこそ、議會の協贊を經たる法律案に對し、　天皇の裁可し給はさるか如きことなかるへしと雖、法理上に於ては、　天皇は固より又不裁可權を有せらるるものにして、平易に云ふときは協贊は諮詢に對し、若くは自ら進みて議會の意見を奏上すと云ふの義に過きさるなり。然れとも又、天皇か議會の決議に異なりたる法律の公布を命し給ふか如きは憲法(第五條、第三十七條)の本義にあらす。

第三十八條　兩議院は政府の提出する法律案を議決し及各法律案を提出することを得。

本條は法律の發案權は政府及ひ兩議院の各之を有する所なることを規定せるものなり。然れとも、一院に於いて或議員か提出したるものは未た之を法律案と云ふこと能はす。是れ法律案の案たるに過きす。一院に於いて之を可決して後始めて法律案と云ふことを得るなり。

第三十九條　兩議院の一に於て否決したる法律案は同會期中に於て再ひ提出することを得す。

本條は同一事件の爲めに永く議會の作用を澁滯せしめさらむと欲するものなり。而して會期とは開院式の當日より、閉院式の前日に至る迄の期間を云ふなり。

第四十條　兩議院は法律又は其他の事件に付各其の意見を政府に建議することを得但し其の採納を得さるものは同會期中に於て再ひ建議することを得す。

本條は議會の建議權を規定せるものなり。茲に議會の權限に付き概括して論するは無用にあらさるへし。即ち凡そ左の如し。

第一 國事に參與する權限

一 決議

二 協贊

三 承諾

四 上奏

五 建議

六 質問

七 請願の受理及ひ轉送

第二 內部の事項に關する權限

一 院內規則を定むるの權

二 院內の警察及ひ秩序を保持するの權

三 院內の組織を定むるの權

四議員の資格を審査するの權

一、決議とは議會の意思を表示するものにして之を議決するに止まり、上奏し、若くは政府に之を移すものにあらす。

玆に一言するの要あるは議會に於いて政府の不信任を議決するも國務大臣は必しも其責を引きて辭職すへき法律上の義務なきこと是れなり(政治論として若くは道德論としては格別なれとも)。何となれは、文武官の任免は　天皇の大權に屬する所なるは第十條の規定に依りて明なる所なるのみならす、若しも議會の意思に依りて國務大臣の任免を決せさるへからすむは、文武官の任命權は議會に存し。又　天皇に存せすと謂はさるへからされはなり。

二、協賛とは要するに法律案及ひ豫算案に對し之を法律又は豫算として公布するの可否を決議して其意思を以聞するの謂なり。

三、承諾とは憲法第八條第六十四條、第七十條等の末項に規定せるか如く始め議會の協賛を經るの途なかりし場合に事後に至り之を可なりとして、議決するの謂にして、第五十三條の「兩議院の議員は現行犯罪又は內亂外患に關する罪を除く外會期中其の院の許諾なくして逮捕せらるゝことなし」と云へる許諾と必すしも其性質を異にするにあらすと雖、只彼れは事後に與ふるものならすして、事前に與ふるものたり。

協賛と、承諾との異同に就きては我國に於いても、歐洲に於いても、種々の說あれとも予は同一にあらすとなす。即ち承諾は事後に與ふるものにして協賛は事前に決するなり、承諾は他より求め來り、協賛は他より求められすとも自ら決することを得るものなり。又協賛には修正權の伴へるものなりと雖、承諾には修正權を行ふの餘地なきなり。畢竟協賛は積極的のものにして承諾は消極的のものなり。

四、上奏とは　陛下に議院の意思を以聞するの謂にして兩院各上奏するを得るものとす。

五、建議とは政府に對し、議院の希望を開陳するの謂なり。又一院の權限を以て行ふを得る所とす。而して其上奏と異るの點は、上奏は主として過去に言及し、建議は必すや將來に對するの希望なるに在り。

六、質問とは政府の行爲若くは意見に就きて報告を求むるの謂なり。而して政府は議院法に由り答辯の義務あり。答辯せさる場合には其理由を明示せさるへらす

七、請願は人民より呈出する所にして、議院に於いて採擇すへしと決するときは意見書を付して之を政府に轉送するものなり。然れとも政府は必しも之を採用するの義務あるにあらす。

國事に參與する議院の權限は以上述ふる所の如し。而して內部の事項に關する權限は即ち左の如し。

一、院內の規則を定むるの權とは憲法及ひ議院法の範圍內に於いて議事規則を定め、豫算、決算に關する議定細則を定め、兩院協議會の規則を設くるか如きの權を云ふ。

二、院內の警察及ひ秩序を保持する權とは議院の神聖と、秩序とを害するの行爲に對する取締の權を云ふ。

三、院內の組織を定むる權とは議長、副議長若くは假議長を選擧し、部屬を定め、部長及ひ理事を選擧するか如きの權を云ふ。

四、議員の資格を審査するの權とは議員の當選に關し、其當不當を審査し以て議員の資格を決定するの權を云ふ。此權限は貴族院衆議院の共に有する所なりと雖、唯異なるは貴族院議員の當選は獨り貴族院の之を決するを得る所なるも、衆議院議員の當選訴訟は裁判所に於いても亦之を決するを得るの點に在り。

第四十一條　帝國議會は每年之を召集す、

帝國議會の召集は官報を以て公布し各議員に對し、一々召集狀を發することなしと雖、畢竟召集は各議員に對するものなり。

第四十二條　帝國議會は三箇月を以て會期とす必要ある場合に於ては勅命を以て之を延長することあるへし。

三箇月とは曆に從はすして、日を以て算するなり、換言すれは通計九十日を云ふ已むを得さる必要ある場合には勅命を以て之を延長することを得へし。

第四十三條　臨時緊急の必要ある場合に於て常會の外臨時會を召集すへし

臨時會の會期を定むるは勅命に依る。

本條の常會と、臨時會とは其區別、頗る困難なり。地主に於いて閑暇の季節を撰み十一月より開會するものを通常會と見做し、其他の季節に於いて開會するものを臨時會と見做すへきか。議會は解散の後五ヶ月以内に之を召集せさるへからさるを以て臨時會と雖、冬季に開かるることなきを保せす。然らは會期三箇月に渉る議會を通常會と稱し、其他を臨時會と稱すへきか。臨時會の會期を定むるは勅命に依る。若し勅命を以て會期を三ヶ月と定めたる場合は如何。從て會期の長短は通常會と、臨時會とを區別するの標準に非さるなり。畢竟二者の區別は之を事實に依りて決せさるへかす。

解散後に召集せられたる議會は通常會なりや。將に臨時會なりや。解散後の議會は畢竟一種特別の議會なるを以て通常會にもあらす、又臨時會にもあらさるなり。故に議會の慣例に於いては特に之を特別議會と稱せり。

第四十四條　帝國議會の開會、閉會、會期の延長及停會は兩院同時に之を行ふへし。

衆議院解散を命せられたるときは貴族院は同時に停會せらるへし。

貴族院及ひ衆議院議員は各召集の日に於いて議院に集會し、部屬を定め、部長、理事を選擧し、議院の成立を政府及ひ他の一院に通知す。然る後開院の式を擧けさせらる。

停會は事實に於いて解散の準備たることあり。蓋し議員熱狂し、議事公平を缺く場合に、一時其熱度を冷却せしめむか爲めに停會を命することあり。又、衆議院の解散せられたる場合に、貴族院の停會を命するは二院制度を採用したる結果として、一院のみにては議會の作用を爲すこと能はさるか爲めなり。然れとも、此場合に於ける停會の文字は嚴格に評すれは、稍妥當ならす。此他休會あり。休會は法律上の作用にあらす。議案なきか故に議事を開かす。若くは皇室の凶事等に際し、議事を休止して遠慮の意を表すと云ふか即ち休會なり。

解散は議員各個の職を解くの義なり。其職を免すと云ふの代りに議院を解散するなり。政治上の意義より云へは、政府と、衆議院と意見の衝突したる場合に、更に輿論に訴へむか爲に議會を解散するものなりと雖、法律上に於いては其處迄立ち入りて論するの必要なし。又會期の半にして議員の任期盡くる場合に外國に於いては解散を命したる例あり。

第四十五條　衆議院解散を命せられたるときは勅命を以て新に議員を選擧せしめ解散の日より五箇月以内に之を召集すへし。

本條は議會の存立の爲めに必要なる規定なり。且つ議會を召集せすして解散を命するは本條の精神に於いて禁する所なり。

第四十六條　兩議院は各其總議員三分の一以上出席するに非されは議事を開き議決を爲すことを得す。

本條は議事を鄭重になすの意に出つるなり。又別に解釋を要するものなし。

第四十七條　兩議院の議事は過半數を以て決す。可否同數なるときは議長の決する所に依る。

本條も亦別に解釋を要するものなし。國に依りては可否同數なるときは議長は德義上之を否決するの慣例を有するものありと雖、我國に於てはかかる慣例なし。

第四十八條　兩議院の會議は公開す但し政府の要求又は其院の決議に依り秘密會と爲すことを得。

本條は議會の公開すへきものなることを定むるものなり。公開は公議輿論か議員の行動を監視するに必要の制度なり。事實上傍聽人の數を制限するは議院の建築上必要あるか爲のみ。之れか爲めに毫も公開の精神を妨くるものにあらす。

第四十九條　兩議院は各　天皇に上奏することを得。

第五十條　兩議院は臣民より呈出する請願書を受くることを得。

第五十一條　兩議院は此の憲法及議院法に掲くるものの外内部の整理に必要なる諸規則を定むることを得。

以上の三ヶ條は第四十條の項下に解釋したる所なるか故に玆に再說せす。

第五十二條　兩議院の議員は議院に於て發言したる意見及表決に付院外に於て責を負ふことなし但し議員自ら其の言論を演說刊行筆記又は其の他の方法を以て公布したるときは一般の法律に依り處分せらるへし。

本條は議員の爲めに言論の自由を規定せるものなり。然れとも若し議員にして自ら其言論を院外に於いて公布したるときは一般の法律に依りて處分せらるへきものとす。本條及ひ次條は即ち議員の特權に關する規定なり。

第五十三條　兩議院の議員は現行犯罪又は内亂外患に關する罪を除く外會

期中其の院の許諾なくして逮捕せらるることなし

本條は立法部の神聖と議院の存立とを保護し、議員をして其公務を行ふに於いて敢て選擧區民をして遺憾なからしめむことを期したるものなり。

第五十四條　國務大臣及政府委員は何時たりとも各議院に出席し及發言することを得。

本條は國務大臣をして何等の場合に於いても十分に其意見を議院に吐露せしめむことを期したるものなり。然れとも議員の發言を止めてすら發言するを得さらしむるは議院法に於いて議員發言の自由を保障せる所なり。

尚は玆に一言するの要あるは前議會に提出して決議に至らさりし議案は、凡て消滅に歸するものにして、次の議會に改めて提出せられさるへからさるものなること是れなり。蓋し前議會と次の議會とは要するに個々の議會にして、繼續して存在するものにあらされはなり。

第三節　司法機關

司法機關は即ち司法裁判所なり。特別裁判所と稱するものも亦司法裁判所の一種として存在することを得へし。陸海軍裁判所(軍法會議)は即ち特別裁判所の一種なり。而して歐洲の或る國に於ける商工裁判所の如き亦特別裁判所の一種なり。一般に民、刑事の裁判を爲す所の裁判所即ち司法裁判所を稱して普通裁判所と云ふ。從て裁判所の名稱を有するものは必すしもすへて司法機關なりと云ふことを得す。何となれは行政裁判所、權限裁判所及ひ懲戒裁判所の如き亦裁判所は即ち裁判所なりと雖、寧ろ行政機關に屬し、司法裁判所にあらされはなり(但此見解に對しては司法に對する見解の異なるによりて異説あり)

司法の何たるかは請ふ之を次卷に論せむ。茲には司法裁判所と裁判官と、裁判とに關し憲法は如何に規定せるかに付き簡單に論究すへし。

第五十七條　司法權は　天皇の名に於て法律に依り裁判所之を行ふ。

裁判所の構成は法律を以て之を定む。

本條亦憲法中疑義多き規定の一なり。抑も司法權は曾て述へたる如く、畢竟　天皇の總攬し給ふ統治權の一面なるか故に裁判の決定は亦固より　天皇の統治權の一の作用なりと謂ふへし。要するに是れ本條に「天皇の名に於て」と云へる所以なり而して其「法律に依り」と云へるは如何是れ學說の紛糾を極むる點なりと雖予の見る所を以てすれは、裁判の手續は、法律に依るものなりとの意義に解するを以て最も穩當となすか如し。

裁判の構成は法律を以て之を定むと云ふは、畢竟裁判の人民の權利に關係すること至大にして、命令を以て擅に之を變更し得へくむは、裁判の公正を保持するに依りて又人民の權利を確保することと難きか爲なり。而して本條に所謂法律とは要するに裁判所構成法を指すものなり。

第五十八條　裁判官は法律に依り定めたる資格を具ふる者を以て之に任す

裁判官は刑法の宣告又は懲戒の處分に由るの外其職を免せらるることなし。

懲戒の條規は法律を以て之を定む。

本條は裁判官の任免は共に法律に依ることを規定す。要するに司法の神聖を保持せむと欲せは、又司法官の地位を保障するの要あり。又前條と其精神を同うすることを見るへし裁判官の資格も亦裁判所構成法の規定する所なり。而して懲戒の條規は法律を以て之を定むと云ふも亦裁判の獨立を保障せんと欲するの意に出つるに外ならす。裁判官の懲戒に關しては判事懲戒法あり。判事とは要するに又司法裁判官の義に外ならす。

第五十九條　裁判の對審判決は之を公開す但安寧秩序又は風俗を害するの虞あるときは法律に依り又は裁判所の決議を以て對審の公開を停むることを得。

對審及ひ判決を公開するは裁判の公平を得せしむる所以にして又議會公開の原則と其主旨を同うす。即ち本條に於いては公開を以つて原則とし、唯例外として安寧秩序を害するの虞あるか又は風俗を害するの虞あるかの場合に限り、始めて對審の公開を停めしむ。而かし此場合に於いても判決は公開すへしと云ふは、其民衆に示して私なきを知らしめむか爲なり。

第六十條　特別裁判所の管轄に屬すへきものは別に法律を以て之を定む。

本條は特別裁判所の管轄に屬すへきものは必す法律を以て之を定め命令を以て定めさることを明にせるものなり。而して我國に於いては軍法會議を除くの外未た特別裁判所の設置なし。

第六十一條　行政官廳の違法處分に依り權利を傷害せられたりとするの訴訟にして別に法律を以て定めたる行政裁判所の裁判に屬すへきものは、司法裁判所に於て受理するの限りに在らす。

本條は行政裁判所の管轄に屬すへきものと、司法裁判所の管轄に屬すへきものとを分別するの規定にして又行政訴訟に關する條件を掲けたり。之に關しては尙ほ次巻に論述する所あるへし。

第四節　行政機關

行政機關は其數に於いて頗る多し。之を擧け盡すは本書の爲し能はさる所なり。然れとも大體に於いて之を左の三種に別つ事を得へし。

一、行政官廳(又は行政官府)

二、地方自治團體 ┐
三、公共組合　　 ┘ 公共團體

序を逐うて之を解說すへし。

第一項 行政官廳

官廳は獨り行政官廳のみにあらす。樞密院も一の官廳なり。司法裁判所も亦一の官廳なり。(帝國議會も亦一の官廳として立法に參與するものなりと云ふことを得さるにあらすと雖、官廳の觀念も亦實に學說の分岐する所たり、普通には官廳を以て命令權を行使するものならさるへからすとなせり。然れとも予の此見解を取らさるは後に述ふる所の如し)然れとも行政官廳と云ふ時は要するに行政の目的の爲めに設備せらるる官廳を云ふなり。

官廳の何たるかは一の重要なる問題なり。或は(一)建物を稱して官廳なりとなすの觀念あり。(二)國家の事務を行ふ人と、建物との集合體なりとなすの觀念あり。(三)一定の國家の事務を分任せらるる自然人又は自然人の集合體か官廳なりとなすの觀念あり。(四)官制に依りて分配せられたる國家の事務の一塊か官廳なりとなすの觀念ありと雖、予はすへて此等の見解を非なりとなすものなり。即ち官廳とは一定の範圍内に於いて國家の事務を分任せらるる國家の機關にして人格(即ち自存目的)を有せさるものなり。

となす。之を解説するは暫く之を後に讓り、今其種類を擧くれは標準の異るに依り凡そ左の如き區別をなすことを得へし。

1. 合議制の官廳(決議によりて事務を行ふ官廳)
2. 單獨制の官廳(長官か事務を專行する官廳)

1. 統治權を行使する官廳
   - 行政官廳
   - 司法官廳
2. 議決官廳
   - 單に諮詢を受けて議決するもの(樞密院の如し)
   - 發案權を與へらるるもの(議會の如し)
   - 元首に隷屬するもの(帝國議會、樞密院の如し)
   - 官廳に隷屬するもの(衛生會、土木會等の如し)
3. 事實行爲を爲す官廳(製鐵所、傳染病研究所等の如し)

1. 普通官廳
   此區別は行政官廳に付き後に之を説明すへし

2. 特別官廳

1. 中央官廳管轄區域の全國に渉るもの
2. 地方官廳管轄區域の一地方に限らるるもの

行政官廳に關しては憲法に一般に其規定を揭くるものなし。只第七十三條に會計檢查院に關する規定あり、而して第十條に　天皇は行政各部の官制を定むへきことを規定せるのみ。從て憲法に依りて之を論することを能はすと雖、之に關する概念を講するは又必要なりと謂ふへし。

然れとも、本書に於いては之を詳說することを難し。請ふ左の三點に付き之を論するに止むへし。

I 行政官廳の觀念
II 行政官廳の權限
III 行政官廳の種類

I 行政官廳の觀念

國家統治の事務は頗る多岐にして元首の獨り能く親裁せらるるを得へき所に

あらす。是れ國家の諸般の機關を設けて此多岐なる統治の事務を分掌せしむる所以なり。然れとも國家は其利益の國家全般に渉る事項より、一地方若くは一社會に限らるゝ事項に至るまて必しも悉く其直接に設備したる機關をして之を處辨せしむる事を必要とするものにあらす。苟も國家の生存並に其目的に對し支障なからんか。團體をして各自の獨立自營に任せしむるも亦不可なきのみならす。却て國家の機能を完うするに於いて便なりとす。

此趣旨に基き今日の文明國家に於いては、其直接に自ら、設備したる機關の外、尚公共團體なる一種の行政機關を設く。而して今此二種の行政機關に就き之を比較するに前者に在りては機關の意思は即ち國家の意思にして、國家の意思の外に又獨立したる機關の思意なしと雖、後者に在りては國家は國家自體の外に一の人格者(即ち法人)を認るものたり。

行政官廳(すへての官廳亦皆然り)と公共團體との區別は主として此點に在り。其一定の範圍内に於いて國家の事務を擧くるか爲の機關たるは二者異る所なし。只一は人格者たり、一は人格者にあらさるのみ。予の行政官廳とは行政の爲に設備せらるる官廳なりと云ひ、而して官廳とは一定の範圍内に於いて國家の事務を分任せらるる國家の機關にして、人格なきものなりと云ふの主旨は即ち此點に在り。

II 行政官廳の權限

行政官廳は一定の範圍内に於いて國家の事務を分任せらるる行政機關なり。而して此事務の範圍を稱して行政機關の權限又は職權と云ふ。

行政官廳の權限の劃定は獨り行政官廳と、他の行政官廳との關係を定むるか爲に(換言すれは行政官廳をして各其事務の分掌の範圍を嚴守して相侵すことなからしめんか爲に)必要なるのみならす、又官廳は其權限内に於いて爲したる行爲に限り、國家の行爲と見なさるへしとの點に於いて重要の職分を有するものなり。

III 行政官廳の種類

行政官廳は其掌理する國家の事務の異るに依りて其類を同うせす。例へは財政の爲に大藏省あり。軍政の爲に陸、海軍省あり。實業政の爲に農商務省あり。敎政の爲に文部省あるか如し。然れとも、此等の區別は別に學理上の區別として目すへきものにあらすして、要するに事實現時に於いて行政機關か此の如くに別たると云ふ

に過きす。而して玆に述へむと欲するは此種の區別にあらすして左の區別に在り

1 普通行政官廳

2 特別行政官廳

普通行政官廳とは、其權限か廣く各般の行政事務に涉るを以て主義となすものを云ひ、特別行政官廳とは其權限か特に一部の行政事務に限らるるものを云ふ。前者に於いては法令か之を禁止し、若くは之を他の官廳の權限に委ねさる限りは行政の事務か廣く其權限に委ねらるるものなりとの推測を受け、後者に於いては反對に法令に規定せられさるものは、すへて其權限に在らすとの推測を受くるものなり。

特別行政官廳とは、例へは、警視廳、稅務管理局、鑛山監督署、土木監督署、郵便電信局等の如く特殊の事務を掌理するものなり。然れとも此等は到底本書に之を掲け盡すことを得す。本書に於いては單に普通行政官廳の名稱を列擧するを以て暫く滿足せさるへからす。

普通行政官廳は即ち左の如し

I 內閣
II 內閣總理大臣
III 各省大臣
（以上を中央行政官廳とす）
IV 府縣知事
V 郡長、島司
VI 市、町、村長等
（以上を地方行政官廳とす）

以上は內地に於ける制度の一般なりと雖、臺灣及ひ北海道には又特殊の機關あり。即ち左の如し。

臺灣
I 臺灣總督
II 縣知事
III 廳長（粗ほ內地の府縣知事に相當す）

IV 辨務署長(粗は內地の郡長に相當す)

V 街庄社長等

北海道

I 北海道廳長官

II 支廳長(內地の郡長に相當す)

III 區、町、村長

而して北海道廳長官は、各省大臣の監督權に服從すること恰も府縣知事の如しと雖、臺灣總督に至りては二三の事項を除くの外、內務大臣の監督を受け、而かも其權限に於いては之を到底內地に於ける府縣知事等と同一に目すへからさるものあり。(例へは法律(狹義に於て云ふ)に等しき効力を有する律令を發するの權限を有するか如き是れなり、此點に於いては各大臣の權限と雖、又及ふことなし)

內閣及ひ內閣總理大臣の區別並に國務大臣及ひ各省大臣の區別に付きては特に注意を要するものあり。

內閣は一の合議制の官廳なり。其權限は特に內閣官制に列記せられ、且つ特別の法令中に掲記せらる(例へは土地收用法)、內閣總理大臣は內閣の一員としては單に其首席を保ち、其事務を主宰すと云ふの外、別に他の閣員と何等の權限の異るものなし、此場合に於いて內閣總理大臣は又獨立の權限を有するものにあらす換言すれは內閣は內閣總理大臣の事務所にあらさるなり。

然れとも、內閣總理大臣は又別に一個の獨立したる單獨制の官廳として各省大臣の上に立ちて行政の統一を保持し、其命令又は處分の不法又は不當なるものに對し、一時之を中止せしめて勅裁を待つの權限を有するの外、尙一の官廳として各省大臣の何れにも屬せさる事務を行ふものなり(例へは內閣書記官長の事務の如き統計局長及ひ恩給局長の事務の如き是れなり)。

國務大臣は現時に於いて又各省大臣を兼ぬと雖、之か爲めに二者同一なるにあらす。即ち一は憲法上の機關なり、補弼の機關なり。而して一は非憲法上の機關なり、行政機關なり、恰も往時我國に於いて卿、即ち現時の各省大臣に相當すは參議を兼ねたりと雖、之を以つて二者同一なりと云ふことを得さりしか如し、二者の區別は之を明にせさるへからす、(但し之に對し別異の見解を持するものありと雖、予は法理上に於いては此の如くならさるへからすと信す)。

地方自治團體及ひ公共組合の何たるかを論すに先ち、政府の觀念と並に會計檢査院の何たるかとに付き一言するは蓋し當を得たるものなりと信す。蓋し政府の觀念は普通に地方自治團體及ひ公共組合の觀念と相對し、而して會計檢査院は普通行政官廳にあらすして特殊の事務を掌理するの機關なりと雖、憲法上の機關として國家の財政に對し、特に重要の地位を占むる行政官廳なれはなり。

IV　政府の觀念

普通の用例に從へは、政府なる語は粗は昔時の「御上」なる語に等しきか如し。然れとも「御上」なる語は統治者及ひ裁判所を包むと雖、政府なる語は之を含ます。要するに通俗の語に於いて政府と稱するは、統治者を除き議會及ひ裁判所に對するものなるに似たり。然れとも仔細に憲法の規定を觀察する時は政府なる語には凡そ三種の用例あることを發見す。即ち

(第一)天皇を以て政府の一部となすもの(憲法第七十條)

(第二)國庫の意義に用ゐらるるもの(同第六十七條及第七十六條)

(第三)機關の意義に用ゐらるるもの(同第八條、第三十八條、第四十條、第四十八條第六十八條及ひ第七十二條)

此の如く(第一)及ひ(第二)の用例に依る政府の文字か機關を指すものにあらさるは云ふを待たすと雖、(第三)の用例に依る政府の文字か機關(特に行政機關)を指すものなるは又疑を容れす(即ち此用例は普通の觀念と相一致するものなり)然れとも又畢竟政府なる一の獨立したる官廳の存在するあるにあらすして內閣總理大臣以下の官廳を汎稱して政府と云ふに過きす。故に中央政府とは即ち內閣總理大臣以下の中央官廳を指すものにして、地方政府とは即ち臺灣總督、北海道廳長官、府縣知事以下の官廳を云ふものなり。

V　會計檢査院

會計檢査院は國家歲出入の決算を檢査確定するか爲に設けらるる所の憲法上の機關なり。憲法第七十二條に曰く。

第七十二條　國家歲出入の決算は會計檢査院之を檢査確定し政府は其の檢査報告と倶に之を帝國議會に提出すへし。

會計檢査院の組織及職權は法律を以て之を定む。

と。從て國家歳出入の決算は會計檢査院の檢査を經さるへからすと雖、其檢査は只政府の機密費に及はす。而して又自治團體は各特有の會計檢査機關を有するか故に會計檢査院の檢査を受くへきものにあらす。

會計檢査院は　天皇に直隷し、國務大臣に對し特立の地位を有す(會計檢査院法第一條)(茲に國務大臣とは行政機關としての大臣の意義に解すへくして補弼機關の意義に解すへからさるなり)。抑も普通の行政官廳に在りては、原則として、國務大臣の監督權に服從することか即ち　天皇の行政監督權に服從する所以なり。之に反し會計檢査院は直に　天皇に隷屬し、國務大臣に對しては全く特立の地位を有するものたり。換言すれは法令に依り特立の職權を行ひ、　天皇の監督權に服從するの外、國務大臣の干預を受けさるなり。而して是れ國家歳出入に對する檢査の確定か特に嚴正にして公明なるを要するか爲に國務大臣の監督權に服從せしむへからさるものあるに依るに外ならす。憲法第七十二條第二項に會計檢査院の組織及ひ職權は法律を以て之を定むと規定せるも亦同一の主旨に出るものにして、普通の官廳に於けるか如く、命令を以て常に其組織と、職權とを動かし得へくんは、終に能く檢査の公正なるを期し難きか爲なり。而して會計檢査院法に於いて會計檢查官に對し、特殊の保障を與へ、刑事裁判又は懲戒裁判に依るにあらされは其意に反して退官轉官又は非職を命せらるゝとなしと、規定せるも亦之か爲に外ならす。

第二項　地方自治團體

地方自治團體と、公共組合とは並に一定の範圍內に於いて國家の事務を行ふ所の行政機關なりと雖、其事務は單に國家の事務たるに止まらす、又同時に自個の事務たり。換言すれは此等の行政機關か其事務を擧くるは間接に國家の目的を遂行する所以なり。官廳には自個固有の事務なるものなし。以て此等團體と官廳との同しからさる所以を了解すへし。

地方自治團體と公共組合とを併せて公共團體(又は自治團體)と云ふ。公共團體に關する概括的の觀念を研究するは法理の研究としては即ち必要ならさるにあらすと雖、本書に於いては之を詳論するの遑なし。今左に地方自治團體とは具體的に如何なるものなるかを論すへし。

現行法に於ける地方自治團體中其主要なるものは府、縣、郡、市、町、村なり。府、縣、郡、市、町、村は行面に於いては即ち國の行政區劃なりと雖、又他の一面に於いては即ち自存目的の主體として一の法人なり。換言すれは其區域内に於いては、獨立して自ら統治すると同時に、外部に對し、權利義務の主體として財産を所有し、之を賣買し、授受し、又他人と契約を結ふことを得るものなり。

國家か地方自治團體を認めたるの主旨は明治二十一年市制及町村制を布くに當り、之と同時に公示したる同理由書中左の如く云へるに依りて甚明なり。

維新の後政務を集攬して一に之を中央政府に統へ、地方官は各其職權ありと雖、政府の委任に依て代て事を處するに過きす。今地方の制度を改むるは即ち政府の事務を地方に分任し又人民をして之に參與せしめ、以て政府の繁雜を省き併せて人民の本務を盡さしめんとするに在り。而して、政府は政治の大綱を握り方針を授け國家統御の實を擧くるを得へく、人民は自治の責任を分ち、以て專ら地方の公益を計るの心を起すに至るへし。蓋人民參政の思想發達するに從ひ之を利用して地方の公事に練習せしめ、施政の難易を知らしめ、漸く國事に任するの實力を養成せんとす。是將來、立憲の制に於て、國家百世の基礎を立つる根源たり。

第三項　公共組合

現行法に認むる所の公共組合中、其主要なるものは水利組合(普通水利組合及ひ水害豫防組合の二種あり)農會、商業會議所等なり。

何か故に此等は行政機關なるか。曰く此等は一個の組合として見るときは單に私法上の組合と同しく、組合員の共同の利益の爲に存するものなりと云ふことを得るか如しと雖、國家は之を組合員の各自の計營に任せすして、特に其事務を遂行するを以て國家に對するの義務となし、(擅ままに解散することを許さゝるは、即ち其事務を遂行するを以て國家に對するの義務たりとなす所以なり)之に對して其監督權を行使し、之に依りて又間接に國家の目的を達せむとする者なれはなり。

抑も公共組合の發達は歐洲に於いても極めて輓近の事に屬し、且つ學者の其法律上の性質を認めて、一種の行政機關なりとなすに一致せむとするに至りたるか如きも、亦近時に在り。然れども將來に於いて、內務行政の範圍に於いて、各種の事項に關し、見るへきの發達を遂くへきものは恐くは此機關に在らむ。

地方自治團體と、公共組合との區別は前者は住民を以て基礎として構成せらるる團體なるに反し、後者は特種の資格を有する人民より構成せらるる團體なりと云ふの點に在り。即ち府、縣、郡、市、町、村等に於いては、廣く其地域內の住民を以て構成の要素となすものにして、住民たるの外何等他の資格を要せさるものなりと雖、水利組合の分子か土地又は家屋の所有者なることを必要とし、農會の分子か主として農業者又は農業者の團體なることを必要とし、商業會議所の分子か商業者なる事を必要とするか如く、總へて公共組合に於いては單に其地域內に住居するものなりと云ふの外、更に一定の資格を有するものなることを必要となすなり。切言すれは、地方自治團體に對する地域の關係は、恰も國家に對する領土の關係の如く、公共組合に對する地域の關係は、此の如く重要なるものにあらすして、單に組合員の標準を定むるものなるに過きす。

公共組合は一の自治團體として、自存目的の主體たることを認めらるるものなるか故に、組合の內部に對して自治の權を行使し、財產を所有し、外部に對して權利を行使し、義務を負擔し、又諸般の契約を締結するを得る等すへて地方自治團體に異らす。

第三章　官吏公吏及ひ議員

前二章に述へし所の機關は國家の之を設備し、若くは認識するに依りて或は官廳たり、或は法人(自然人も亦法の認識によりて人格を有するものなりと雖、法人とは自然人に對するものなること曾て述へし所の如し)たるものなりと雖、本章に述ふる所の機關は、自然人にして法の一定の資格を與ふるに依りて、國家の機關たる職分を行ふものなり。

第一節　官吏

官吏とは要するに勅任官(親任官を含む)、奏任官、判任官等を云ふなり。然れとも、是れ只單に具體的に官吏の種類を列擧したりと云ふに止まり、未た法理上に於いて官吏の何たるかを說明するに足らす。然れとも、是れ極めて困難なる問題に屬し、予の知る所を以てすれは學者中未た之に關する完全の定義を擧けたるものなきか如し。

予の見る所を以てすれは、官吏の何たるかは、二樣の見解に依りて說明すへくして、一概に單純なる理論に依りてのみ之を決することを得す二樣の見解とは如何。曰く一は實員上の見解なり。一は形式上の見解なり。

實質上の見解より官吏の何たるかを立論するときは官吏とは要するに公法上の指名行爲に依り、國家に對し無定限なる國家の事務を行ふへき義務を負ふ者なりと謂はさるへからす。此說明も亦定義としては多少漠然たるものあるを免れさるへし。然れとも予の此の如くに云ふは要するに

一、一種の義務を負ふものなる事

二、國家の事務を行ふへきものなる事

三、其事務は無定限の性質を有するものなる事

四、其義務を負ふは兵役の如く、國民一般の義務として之を負ふにあらすして公法上の指名行爲(選擧も亦一の指名行爲なり)に依るものなる事

の要件を備ふるにあらされは官吏にあらさる事を意味するなり。換言すれは私法上の契約に依り國家の事務を行ふもの(例へは雇吏の如き是れ亦多少の疑なしと

せさるも暫く普通の說に從ふ=及ひ請負契約に依り國家の事業に從ふもの等)特別なる調査事項に從ふ所の所謂委員なるもの(例へは鐵道調査會委員、議院建築調査會員等=此等は無定の事務に從ふものなりと云ふを得す)及ひ兵士の如きものは總へて官吏にあらすして、而して議員の如き公吏の如き(後に說明すへし)は官吏に屬すと謂はさるへからさることを意味するなり。

然れとも、形式上の見解に依るときは、官吏とは、此實質上見解に依る官吏中、特に現行法の認めて官吏なりとなす所のものか即ち官吏なりと云ふの外なきなり。而して此意義に於てすれは、公吏及ひ議員は官吏にあらすして現行法か別に公吏及ひ議員の名稱を附する所の一種の機關なりと云ふの外なきなり。

現行法の認めて官吏なりとなす所のものは勅任官、奏任官及ひ判任官に在りては又些の疑を容るへからす。然れとも、此他尚待遇官吏なるものあり、例へは巡査、看守等の如きは判任官にあらすして尚、判任官たる待遇を受くるものたり。此等は即ち亦一種の官吏なり。然れとも、官吏の待遇を受くる所のものか、總へて皆此種に屬する一種の官吏なりやと云ふに必しも然らさるなり。例へは各宗(佛敎)管長は勅任官の待遇を受くと雖、官吏にあらさるか如し。何か故に彼は官吏にして、此は官吏にあらすと謂はさるへからさるか。曰く。是れ予の見る所を以てすれは、彼は一般の官吏か有すると同一の權利（例へは俸給、恩給等を受くるの權）及ひ義務（例へは服務規律に規定せらるゝ義務）を享有し、負擔するに反し、此の如き權利及ひ義務を享有し負擔することなきか故なりと云ふの外なきなり。

要するに官吏の何たるかは、頗る錯雜なる標準に依て定むへくして、決して多數の學者の輕卒に之か觀念を定むるか如くに、爾かく單純なる問題にはあらさるなり。

第二節　公吏

何を公吏と云ふか曰く。此問題も亦決して簡單なる問題にあらす。公吏も、官吏も其實質に於いて何等の差異あるものにあらさるは前節に論したる所の如し。然れとも現行法に於いて公吏と稱するものは、要するに地方自治團體か自ら選擧して團體の事務を行はしむるものを云ふなり。

通常官吏は任命に依り、公吏は選擧に依ると雖、任命と、選擧とは未た以て兩者の觀念を定むるに足らす。何となれは任命せらるるものにして尙官吏にあらさるものあり。例へは勅任議員の如し。選擧せらるるものにして尙公吏にあらさるものなり。例へは議員の如し。加之、米國の如き官吏も亦選擧制度に依るものあれはなり。

又通常官吏は俸給を受け、公吏は俸給を受けすと雖、俸給の有無も亦以て兩者の區別の標準となすに足らす。何となれは官吏にして試補の如きは尙無給たり。公吏にして尙有給なるものあれはなり。

又通常地方自治團體の事務を執るものは卽ち公吏なりと雖、地方自治團體の事務を執るものか何等の場合に於いても公吏なるにあらす。例へは市制第五十條及ひ町村制第六十一條に規定せらるる官吏は地方自治團體の事務を行ふに係らす、尙官吏たることを失はす。從て事務の何たるかに依りて兩者を區別することを得さるなり。

何故に地方自治團體の事務を行ふもののみか公吏にして、公共組合の事務を行ふものは公吏にあらさるか、曰く是れ沿革上の理由に依るものなりと云ふの外又別に說明することを得す。

普通に公吏と稱するものにして、右に述ふる所の所謂公吏と全く其性質を異にするものあり。執達吏是れなり。然れとも、執達吏は現行法に於いて官吏と目する所のものにもあらす。又公吏と目する所のものにもあらすして、全く特異なる一種の機關なりと云はさるへからさるなり。

第三節　議員

帝國議會及ひ地方自治團體の議決機關(府、縣會、郡會、市、町、村會等)を組織する各員を稱して議員と云ふ。

議員も亦實質上に於いては、之を官吏と區別すること難し。蓋し帝國議會の議員は憲法上の特權を有し、其他一般に議員は官吏の負ふ所の義務を負ふことなく、而して官吏は現行法に於いて全然任命の形式に依り、議員は主として選擧の形式に依ると雖、此等は要するに兩者の本質上の區別を標準となすに足らす。何となれは

(一)特權の有無は兩者の本質上の區別なりと云ふことを得されはなり。

(二)或は帝國議會の議員は元首に對し特立の地位を有す、換言すれは一般の官吏に於けるか如く元首の監督權に服從するの義務なしと論する學者ありと雖、我國に於いては、議院法も亦一の法律として、天皇の裁可に依り制定せらるるものなり、而して議院法か一定の場合に議員に對し懲罰を行ふことを規定するは、又間接に議員は、天皇の監督權に服從するの義務あることを認むるものたり、從て此義務の有無を以て兩者の區別の標準となすことを得されはなり。

(三)議員中勅任に依るものあり。勅任は官吏の任命と何等異なることなし。又之を以て兩者の區別の標準となすことを得されはなり。

第四卷　統治の作用

第一章　統治の作用は如何に之を分類すへきか

統治の作用は如何に之を分類すへきか。抑も、往時の學者は、統治權を以て數個の權力の合體せるものなりと說けり。所謂、三權分立論是れなり。其說に從へは、統治權は立法權と司法權と行政權とより成り、立法權は議會之を掌握し、司法權は裁判所之を掌握し、行政權は政府之を掌握す、而して統治權とは即ち此等個々なる權力の集合體に名くるの名稱たるに外ならすと云へり。而して又或は、此等、獨立なる三權の衝突を調和する爲の機關として、即ち君主か存在するなりと說けり。此等の說は皮相に於いて甚た、能く、國家の機能を說明するに足るものあるに似たり。然れとも、近時の定說は統治權を以て分割すへからさるものなりとなすにあり。

抑も統治權を以て各獨立なる權力の集合體なりとなすの說は、議會を以て立法權の主體なりとなし、裁判所を以て司法權の主體なりとなし、而して政府を以て行政權の主體なりとなすものなり。然れとも是れ前卷に於いて議會と、裁判所と、政府とを以て統治の機關なりとなせるの觀念と、相容れさるのみならす、近時に於ける法理の思想と相容れさるものたり。然れとも之に反し若しも君主、又は議會か總攬する所の（若くは君主と議會とか共有する所の）統治權か其根本に於いて三種の權力の相抱合して成れる所のものなりと云ふに止まらは、此說は理論上に於いては必すしも排斥することを得さらむ。然れとも國家其ものの成立に關する歷史上の事實に依りて之を觀察するときは、一個の統治權か實際上の必要より、或は立法の爲に發動し、若くは行政の爲に發動するものたるに止まり要するに其本體に於いては一個のものなりと云ふの當れるを覺ゆ。

統治權は唯一にして分割すへからすとなすは、即ち近時の定說なり。而かも統治の作用は一ならす。或は法を立て、或は處罰し、或は法を解釋し、適用し、强制す。此等の作用は事實の千差萬別なるものに付いて之を認むることを得へし。而して此等種種なる統治の作用は法理の見解に於いて如何に之を分類すへきか。是れ本章に於いて論せんと欲する所なり。

三權分立論の、近時に於ける法理の思想と、相容れさるは前述する所の如し。然れとも、統治の作用を分ちて立法、司法及ひ行政の三となすは今日尙、殆んと總へての學者の認むる所にして（但し我國に於いては此外更に憲法上の大權に基く作用なるものを認むるを可なりとなすは後に述ふる所の如し、）且つ實際に便なりとなす所なり。

而かも、此等統治の作用に關する區別は如何なる標準に基きて之を樹てたるものなるか。

等しく立法と謂ひ、等しく司法と謂ひ而して又等しく行政と謂ふ語に於いて一なるのみ。而かも、其意義に於いて此の如く不確定なるものは蓋し鮮し。而して立法の何たるかと、司法の何たるかとに關する學者の見解も亦もとより一樣ならすと雖、行政の何たるかに關する見解の雜多なるか如くには雜多ならす。

而して此等、統治の作用の區別は或は之か標準を實質に求めむと欲するものあり、或は形式に求めむと欲するものあり。之か區別の標準を實質に求めむと欲するものとは如何。曰く立法を以て凡て法(曾て述へたる廣義の法律の義なり、今狹義の法律と相混同せんことを恐れて只單に法と云ふのみ)を制定するの謂なりとなし、司法を以て事實に對して法を解釋するの謂なりとなし、行政を以て事實に對して法を適用するの謂なり(故に又曰く司法の終局の目的は事實に對して法を解釋するに止り、行政にありては法を解釋するは單に手段に過きす、而して其終局の目的は即ち之を適用するに在りと)となすものは其一なり。而して又立法を以てすへて法を制定するの謂なりとなすは、前說の如しと雖、司法を以て法の適用者か、之を適用するに當り、斟酌の餘地を有せさるものなりとなし、行政を以て法の適用者か之を適用するに當り、斟酌の餘地を存するものなりとなすものは其二なり。

後說は理論上に於いても當を得す。何となれは、司法に於いても裁判官は酌量し、減輕するの餘地を有し、行政に於いても稅法及ひ徵兵令等の適用に於いては行政官は裁量の餘地を存せされはなり。

區別の標準を形式に求めんと欲するものとは如何。曰く區別の標準を機關の區別に置かん欲するものの義なり。即ち帝國議會の協贊を經て國家の意思を公にするは即ち立法にして、裁判所の管掌に屬する事務を處理するは、即ち司法なり。而して天皇の親裁若くは議會又は裁判所にあらさる他の機關によりて行はるる統治の作用は、即ち行政なりとなすもの是れなり。

然れとも、我憲法に於いては此等の標準に依りて統治の作用を分類することを得す。憲法第八條、第九條及第十條に曰く。

第八條　天皇は公共の安全を保持し又は其災害を避くる爲緊急の必要に依り帝國議會閉會の場合に於て法律に代るへき勅令を發す云ふ。。

第九條　天皇ハ法律ヲ執行スル爲ニ又ハ公共ノ安寧秩序ヲ保持シ及臣民ノ幸福ヲ增進スル爲ニ必要ナル命令ヲ發シ又發セシム云々

第十條　天皇ハ行政各部ノ官制及文武官ノ俸給ヲ定メ云々

ト。而シテ此等ノ條文ニ於イテ、或ハ勅令ト云ヒ、或ハ命令ト云ヒ、或ハ官制ト云フ所ノモノハ、要スルニ皆曾テ述ヘタル廣義ノ所謂法律ニ屬スルモノナリ。而カモ之カ制定ヲ以テ立法ナリト云ハンカ、憲法第五條ニ　天皇ハ帝國議會ノ協贊ヲ以テ立法權ヲ行フト云フモノハ、畢竟無意義ニ屬スト謂ハサルヘカラス。何トナレハ、第八條、第九條乃至第十條ハスヘテ　天皇ノ大權トシテ其之ヲ專行セラルヘキモノナルコトヲ規定シタルモノナレハナリ。又司法ヲ以テ事實ニ對シテ法ヲ解釋スルノ謂ナリトナストキハ、間々今日普通ニ認メテ行政トナス所ノモノヲモ司法ナリト謂ハサルヘカラサルノ不便ヲ生スルコトヲ免レス。

例ヘハ農商務省特許局ノ審判ノ如キ、或ハ遞信省ノ所管ニ屬スル海員審判所ニ於ケル船員ノ審判ノ如キハ、實質ニ於イテハ事實ニ對シテ法ノ解釋ヲ下スヲ以テ目的トナスモノナリト雖、此等ノ判決タル憲法第五十七條ノ所謂司法ト稱すへきものにあらさるは、此等の判決か所謂裁判所に於いて　天皇の名に於いて行はるるにあらさるの事實に依りて之を見るも明白なり。其他行政裁判の如き、權限裁判の如き、亦近來學者の其本質に於いて行政監督の一方法たることを認むるに至れる所のものたり。

而して、司法を以て法の適用者か之を適用するに當り、斟酌の餘地を存せさるものなりとなすの説は、事實に於いて適合せさるものあることを免れす、(前出)以て實質上より統治の作用を區別せんと欲する説の誤れることを見るへし。

形式上より統治の作用を區別せんと欲する説も亦我憲法に於いては之を採用することを得す。若しも帝國議會の協賛を經て、國家の意思を公にすることか即ち立法なりと云ふときは、豫算を定むるか如きも亦立法なりと謂はさるへからす。

然れとも、我國に於いて豫算を法律と稱するは、實際に於いて其例なきのみならす、立法者か他國の憲法に於けるか如く「豫算は法律を以て之を定む」と云ふの規定を設くることを特に避けたるに依りて、之を見るも豫算を法律となすの我國に於いて不當なることを知る。從て又豫算を定むるは之を立法と云ふことを得す。

次に裁判所の管掌に屬する凡ての事務を處理することか司法なりとなすときは、戶籍事務及ひ登記事務を處するか如きも亦之を司法なりと謂はさるへからさるの結果を生することを免れす。

戶籍事務及ひ登記事務を處するか如き事をも司法と稱すへきものなりとなすときは、此等の事務は必す　天皇の名に於いて裁判所の行ふ所たらさるへからす。然るに此等の事務は、現に近き以前に至る迄は、裁判所の事務に屬せさりし所のものなり。

而して　天皇の親裁に依り若しくは議會又は裁判所にあらさる他の機關によりて行はるる統治の作用か行政なりとなすの見解を、余の取らさるは、後に述ふる所の如きを以て、三權の區別の標準を形式に求めんと欲するの說も亦誤れりと謂はさるへからさるなり。

要するに立法、司法、及ひ行政の何たるかは此等の語か普通に學者及ひ實際家の慣用する所のものなるにも係らす、而かも必すしも明白なりと云ふことを得さる所のものなり。之に關して詳論するは法理の研究としては甚だ趣味ありと謂はさるへからすと雖、今其遑あらす。只予の執る所の見解に從ひ左に所謂三權の作用なるものの定義を擧けんと欲す。

何を立法と云ふか。曰く法律(所謂狹義の法律)の名を以て發布せらるる國家の意思か即ち法律にして、此意義に於ける法律を制定することか即ち立法なり。

何を司法と云ふか。曰く民刑事の訴訟に對し、之を裁斷する國家權力の作用か即ち司法なり。

何を行政と謂ふか。曰く　天皇の親裁に依る國家權力の作用と、民刑事の訴訟に對する裁判の作用とを除きたる爾餘の範圍に於ける國家權力の作用か即ち行政なり。

此等の定義に關しては序を逐うて後に之を解說すへし。而して此等の定義を比較するときは、所謂三權の作用なるものは、未た統治の作用の全體を網羅するものにあらすして、行政の定義中に所謂　天皇の親裁に依る國權の作用なるものは、立法にもあらす、司法にもあらす、又行政にもあらさることを發見すへし。而して予は此種の國權の作用を名けて憲法上の大權に基く作用と稱し、以て行政と區分すへしとなすの學說に左袒せんと欲す。

以下序を逐うて此等統治の作用に關し概說する所あらむと欲す。

第二章　憲法上の大權に基く作用

憲法上の大權は必すしも大權と相同しからす。請ふ之を左の憲法の成文に看よ

第十七條　第二項　攝政は　天皇の名に於て大權を行ふ

第三十一條　本章に揭けたる條規は戰時又は國家事變の場合に於て　天皇大權の施行を妨くることとなし

第六十一條　憲法上の大權に基ける既定の歲出及法律の結果に依り又法律上政府の義務に屬する歲出は政府の同意なくして帝國議會之を廢除し又は削減することを得す

此等の條文中第十七條第二項及ひ第三十一條に所謂大權とは、即ち、統治權に外ならさるは別に言を待たす。而して憲法發布の勅語中に

國家統治の大權は朕か之を祖宗に承けて之を子孫に傳ふる所なり云々と謂へるものも、即ち亦之に該當す。然れとも、第六十七條に所謂憲法上の大權なるものに至りては、更に之より狹き意義を有するものにして、本章に論せんと欲する所の憲法上の大權なるものも亦然るなり。換言すれは憲法第一章第五條乃至第十六條に規定する所のものは、即ち之に屬するなり。

行政に關する見解の多岐なるは、後章に之を述ふる所の如し。而して行政とは所謂憲法上の大權に基く作用をも包含するものなりとなすものは、即ち亦其見解の一なり。而して是れ必すしも少數なる學者の意見なりと云ふことを得す。抑も我憲法中、行政の文字を用うるの條文は僅に第十條、第六十一條及ひ第六十二條の三條に止まり、而かも一も行政の何たるかを明にするものあらす。從て學者か此の如き見解を抱持するも、必すしも之を不可なりとなすへき十分の根據なし。然れとも我國權の作用に於いて、或は之を機關の獨立なる權限として、其行政に委ねたるものあり。或は之を機關に委ぬることなく　天皇の親裁に留保したるものあり、歐洲に於ける國體の觀念に於いては、君主か所謂特權を有するは、憲法の規定に依りて始めて然るものにして、君主の固有に有する所にあらす。之に反し我國體に於いて統治の大權はすへて　天皇の之を祖宗に承けさせらるる所たり。換言すれは其固有に有らせらるる所たり。只憲法に於いて其作用の一部は特に之を機關の行使に委ね、而して他の一部は　天皇の親裁せらるへきものとして、特に之を留保せられたるの別あり。此點に於いて此　天皇の親裁に留保せられたる所のものを、特に名つけて憲法上の大權に基く作用と稱し、之を他のものと區別するは事實に於いて便にして、且つ我國體に於いて說明の當を得たるものなることを覺ゆ。是れ玆に、特に憲法上の大權に基く作用なる一章を設けて之を行政の解說と分別する所以なり。

以下憲法の規定する所に從ひ、序を逐うて之を解說すへし。

第五條　天皇は帝國議會の協贊を以て立法權を行ふ。

廣義に於いてすれは、本條に規定する　天皇の大權の行使は、之を憲法上の大權に基く作用なりと云ふ事を得さるにあらす。然れとも、法律の制定は特に之を立法と稱し、之を憲法上の大權に基く作用と區別するを以て通常とす。而して本條は文意甚た明白にして又別に解說を要するものなし。第三十一條に「凡て法律は帝國議會の協賛を經るを要す」と規定するもの亦同一義に出つ。只彼は帝國議會を主として立言するも、此は　天皇を主として立言し、且つ立法權も亦　天皇の專握せらるる所にして議會之を專有し、若くは議會と之を共有せらるるにあらさることを明にせるの區別あるのみ。

第六條　天皇は法律を裁可し、其の公布及執行を命す。

裁可、公布及ひ執行の何たるかは之を次章に解說すへし。本章に於いては單に、すへて此等は憲法上の大權として　天皇の親裁せらるへき所に屬し、又機關の權限に委任せらるへきものにあらすと云ふは、本條の精神なることを一言するに止まる。

第七條　天皇は帝國議會を召集し其開會、閉會、停會及衆議院の解散を命す。

帝國議會は開院式に依りて、其機能を開始し、會期の終了に依りて、其權能を止熄するを以て本則とす。而して例外として衆議院の解散せらるる場合に於いては、貴族院も亦同時に停會せらるへく、會期中と雖又其機能を停熄するものたり。要するに議會か其機能を營むは、一に　天皇の大權の指揮に待たさるへからすして、自ら集まり、自ら議するも、是れ國法上に於ける帝國議會の議事なりと云ふことを得すと云ふは、即ち本條の精神なり。停會の何たるかは前巻に之を説けり。而して議會は休會することを得へきも、自ら停會することを得すと云ふは、又本條の暗示する所なり。

第八條　天皇は公共の安全を保持し又は其の災危を避くる爲緊急の必要に由り帝國議會閉會の場合に於いて法律に代るへき勅令を發す。
此の勅令は次の會期に於て帝國議會に提出すへし若し議會に於て承諾せさるときは政府は將來に向て其の効力を失ふことを公布すへし。

第九條　天皇は法律を執行する爲に又は公共の安寧秩序を保持し及臣民の幸福を增進する爲めに必要なる命令を發し又は發せしむ但し命令を以て法律を變更することを得す。

今此二條を一括して之を解説すへし。凡そ狹義に於ける法律と稱すへき所のものはすへて帝國議會の協賛を經たるものならさるへからす。然れとも、廣義に於いて法律と稱するものの中には、此他、尙、幾多の勅令、閣令、省令、府令、縣令、郡令、及ひ條例規則等と稱する所のものあるは曾て述へし所の如し。而して此等のものの中、條例及ひ規則を除き、換言すれは狹義の法律及ひ地方自治團體の發する所の法律(市、町村條例及同規則と稱する所のものは、市町村の獨立して制定する所のものなり)を除き一括して之を命令と稱す。

廣義に於いて命令と云ふときは、廣義の法律と全く同一の意義を有するものなり。例へは英國のオースチンか法律とは元首の發する命令なりと云へるか如き以て徵すへし。然れとも、狹義に於いて命令と云ふときは狹義の法律を除外せる他種の法律を指するものとす。(但し地方自治體の發する所のものは、此內より更に之を除外するを通常とす)。

命令は其實質上の標準に依りて

一　緊急勅令
二　執行命令
三　補充命令(又は獨立命令)
四　委任命令

法規命令

五　行政命令

の五種に別つことを得へく、更に其形式上の標準に依りて

一　勅令

二　閣令

三　省令

四　府縣令

五　郡令

等(此他律令、臺灣總督府令、北海道廳令、警視廳令等あり、今論及せす)に別つことを得へし。

而して憲法第八條は即ち緊急勅令に關するの規定にして、第九條は執行命令及ひ補充命令に關するの規定なり。之を解說するに先たち法規命令及ひ行政命令の區別並ひに委任命令の何たるかに關し、之を一言すへし。

法規命令とは、要するに、一般に臣民に對して發せらるる所の命令なり。之に反し行政命令とは、上級機關か下級機關に對して發する所の命令なり。此二種の命令の

區別は、主として、單に此點に存するに過きす。

法規命令の語を嚴格に解釋するときは其實質に於いて一般の準則たるの性質を有する命令の義なりと謂はさるへからさるか如し。然れとも、行政命令に對して法規命令と云ふときは必すしも此意義に於いて云ふにあらすして、單に一般に臣民に對して發する命令の義に於いて云ふなり。

委任命令なるものは、法理上に於いて存在することを得へきものなりや否やは由來學者間に於ける一の問題たり。換言すれば、憲法上に法律を以て規定すへしと明記せる所のものは必す法律を以て規定せさるへからさるか、又は命令に委任して之を發せしむことを得へきかは、學者間に於ける一の問題たり。然れとも、今日の實際に就きて之を見れは、憲法に法律を以て規定すへしと明記せる事項と雖、尙、命令に之を委任することを得へしと謂ふの外なし。

例へは處罰は法律に依るの外、之を加ふることなしと云ふは、憲法の日本臣民に對して保障する所なり。(第二十三條)然れとも、今日勅令、臺灣總督府令、省令、府縣令等には、皆一定の範圍内に於いて罰則の規定を附し得ることを法律(明治二十三年九月法律第八十四號、同年同月勅令第二百八號參照）か自ら認むるか如き、明治二十九年法律第六十三號を以て臺灣總督に臺灣に於いて法律の効力を有する命令を發するの權限を委任したるか如き是なり。

要するに憲法に於いて、法律を以て規定すへしと規定せる所の事項を、法律か命令に委任したる場合に、此委任に基きて發せらるる所の命令を稱して、委任命令とは云ふなり。

委任の文字は嚴格に云ふときは穩當にあらす。今普通の例に倣ひて假用するのみ。

次に緊急勅令（又は緊急命令）とは如何。曰く、要するに憲法第八條の規定に基きて發せらるる所の命令即ち是れなり。詳言すれは、公共の安全を保持し、又は其災厄を避くるか爲緊急の必要に由り帝國議會閉會の場合に於いて　天皇に依りて發せらるる命令にして、法律に代るへき効力を有するものか即ち緊急勅令なり。從て緊急勅令を發するには左の要件を具備せさるへからす。

一、公共の安全を保持し、又は災厄を避くるか爲なる事（從て平時、何時にても發することを得るものにはあらす。
二、緊急の必要ある事(從て必要か極めて切迫の場合ならさるへからす。)
三、帝國議會閉會の場合なる事
抑も法律は主として恒久不變の事實を豫想して、之を制定するを常とすと雖、動かすへからさるの文字を以て、社會限りなきの變遷と、國家窮りなきの生存とに對す或は新に之を制定し若くは之を改廢するの必要あるは、元より云ふを俟たす。而かも帝國議會閉會の場合に於いては、特に臨時議會を召集するにあらされは之を改變し、若くは制定するを得へからす。是に於いてか、公共の安寧の爲に措置の最も急を要し、次回議會の開會を待つの遑あらさるものは、特に一時大權の命令によりて權宜之を措置し、以て國家の急務に應するの制を立つるは最も當を得たりと謂はさるへからす、是れ此勅令の要ある所以なり。

緊急勅令を發したるときは、次の議會に提出して、其承諾を求めさるへからす。議會若し承諾を與へさるときは、政府は將來に向て其効力を失ふことを公布するの義務あり。(第八條第二項)

次に執行命令及ひ補充命令とは如何。曰く、法律執行の爲に發せらるる所の命令は即ち執行命令にして（法律には概ね之に附屬して發せらるる所の施行規則又は施行細則なるものあり。是れ即ち執行命令なり、）獨立なる　天皇の大權に基き、其親ら發せらるると、（之を勅令と謂ふ）其機關に委任して發せしめらるるとを問はす、公共の安寧、秩序の爲に、若くは臣民の幸福の爲に發せらるる所の命令か即ち補充命令なり。

憲法第九條は主として、執行命令及ひ補充命令の發令權か　天皇の大權に淵源することを規定せるものなりと雖、又其但書に命令を以て法律を變更することを得すと規定せるは、法律の効力に關する重要の規定なりと謂はさるへからす。何となれは若も此規定なかりせは、法律を以て如何に臣民の權利を保障するも、其効用の一半は即ち又亡しと謂はさるへからされはなり。

命令の形式上の區別なるものは、要するに之を發する主體又は機關の區別に基く所の區別たるに外ならす。其効力に層々相强弱の差あることは曾て述へし所の如し。（緖論第六章第二節第二項）

第十條　天皇は行政各部の官制及文武官の俸給を定め及文武官を任免す但し此の憲法又は他の法律に特例を掲けたるものは各其の條項に依る

行政各部の官制を定むるは、即ち行政各部の組織を定むる所以なり。行政各部の官制を定むるは　天皇の大權に在りと云はは、即ち又行政各部の組織を定むるは、天皇の大權に在ることを知らむ。立法機關及ひ司法機關の組織は主として法律を以て之を定むと雖但貴族院の組織は貴族院令を以つて之を定む而かも貴族院令の改正は又貴族院の議決を經さるへからす。貴族院令第十三條)行政部の組織を定むるは即ち　天皇の大權に之を留保す、蓋し立法機關は憲法に在て其骨髓となす所の機關たり而して司法機關は其事務の性質に於いて最も確實なることを要し、且つ臣民の權義に最も重大の關係を有するの點に於いて、命令を以つて之か組織を變更するか如きは最も避けさるへからさる所なりと雖、行政部に至りては行政の事務なるものか其性質に於いて、變幻にして必しも常に恒久不變なることを得さるものなるの結果、其組織に於いても亦時の宜しきに從ひて之を變更するは、狀勢に於いて止むを得さるものなり、而して是れ本條の規定ある所以なり、(但し會計檢査院及ひ行政裁判所か之に對する例外をなすものなることは嘗て述へし所の如し。

法理上、官制の何たるかは必しも言ひ易からすと雖、茲には單に官廳の組織權限を定むる所のものか官制なりと云ふを以て暫く滿足せさるへからす、

文武官の俸給を定め及ひ之を任免することか　天皇の大權に在りて存するは、又本條の明言する所なり。而して現今其任免に關し、法律に特別の保障あるものは、裁判官、行政裁判所評定官、及會計檢査官等是れなり。

而して本條但書に「各其條項に依る」と云ふものは主として議院法、裁判所構成法、及ひ會計檢査院法等を指せるに外ならす。

第十一條　天皇は陸海軍を統帥す

第十二條　天皇は陸海軍の編制及常備兵額を定む。

第十三條　天皇は戰を宣し和を講し及諸般の條約を締結す。

軍事と外交とは國政中に於いて、最も敏活を期せさるへからさる所なり。此點に於いて、もとより議會の干與を許すへからす(但し補弼の任に在る所の國務大臣に

對し、之に關して質問し、若くは政治上の意義に於いて議決するか如きは、もとより妨けすと雖、議會の協賛を待ちて後此等の事を決するか如きは到底爲すへからす)且つ之を行政機關に委するか如きは、亦時に國家禍害の伏する所たるを免れす。是を以つて軍事と外交とは、主として之を元首の大權に委するは、各國憲法の概ね一途に出る所なり。但し軍事及ひ外務に關し一定の事項は又之を行政に委ぬるものあり。軍事行政及ひ外務行政と名くるもの是れなり、(尙後章に叙述すへし)。第十一條乃至第十三條に關しては別に解説を要するものなし。只條約に關しては玆に一言せさるへからす。

條約とは何そや。曰く、要するに國家と國家との契約を稱して之を條約とは云ふなり。夫れ一個人か相集りて組織する所の國家に在りては、一個人は法律に遵ひ互に其意思を制限し、以て相互の利益を調和す。之を名けて契約と云ふ。然り而して現時に於いては、國家も亦相集りて一の社會を爲すものなり之を名けて國家社會と云ふ。而して國家社會を組織する所の國と國とは國際法に遵ひ互に其意思を制限し、以て相互の利益を調和す。之を名けて條約とは云ふなり。

條約の締結か　天皇の大權に屬するは憲法第十三條に規定する所なり。然れとも其手續に至りては、必すしも　天皇と、他の元首とか直接に之を締結せらるることを必要とせす。多くは相互の機關(例へは外務大臣、公使等)をして其任に當らしむ。公使に全權公使、辨理公使、代理公使等の名稱あれとも法律上、其性質を異にするものにあらす。機關か相議して起草したる條約の草案に對する元首の認定を稱して批准と云ふ。條約の批准を要するは、例へは、猶法律か議會の協賛を經たるのみを以て足れりとせす、更に　天皇の裁可を要するか如きなり。

條約は國家と國家との契約なり。從て國家以外のものに對して直接に効力あるものにあらす。故に又條約は、更に法律又は命令を以て之を公布するにあらされは國內に對して効力あるものにあらす。

然れとも現時に於ける實際の慣行は、條約を條約として單に之を公布するに止まり、別に之を法律とし、若くは命令として公布することとなし。然れとも、是れ單に手續を省略する爲の便法なりと云ふの外、法理上に於いては說明し得すと云ふを以て穩當なりとす。

茲に逸すへからさる一の問題あり。他なし。條約締結權と、法律に對する議會の協贊權との衝突に關する問題是れなり。例へは新に租税を課し、又は税率を變更するは憲法第六十二條に依り、必すや議會の協贊を經さるへからさる所なり。然るに元首若し此手續を履ますして其條約締結權に依り直接に外國に對し、租税の增率を約せし場合に、議會にして幸に協贊を與ふれは不可なきも、萬一、議會にして之か協贊を與へさるときは元首は外國に對して、實行の義務を負ふに係はらす、議會の協贊を經さるものは又人民に對して之を强制すること能はす。斯くの如き場合に如何に之を處理すへきかと云ふは、即ち問題の要點なり。

之に關する學者の見解は區々にして各相同しからす。或は曰く、斯の如き場合には議會は必すや協贊を與へさるへからす、何となれは國家の意思には二樣なし、既に元首か條約に依り、其意思を表示したる以上は、國家の機關たる議會は當然元首の意思を體して之を協贊せさるへからすと。然れとも、新に租税を賦課し、又は税率を變更するは憲法に依り、議會の議決權內に屬す、然るに憲法の條文を抹殺し、尙議會に議決權なしとなすは不穩當なりと謂はさるへからす。

或は曰く、國際法と、國內法とを比較すれは、後者はもとより前者よりも强力なり。力弱き國際法は力强き國內法に其効力を讓らさるへからす。從つて斯る條約は無効なりと。然れとも條約の締結權か　天皇に專屬すと云ふは、我憲法の明記する所なり。

或は曰く、斯る條約は條件付の効力を有するものなり、換言すれは、斯る條約は議會にして之か實行に必要の協賛を與ふれは、其條約は有効なり若し議會にして之か實行に必要なる協賛を與へされは、其條約は無効なり、との條件に係るものなりと。然れとも國家は外國に對し條約に依り完全に義務を負ふ。此說も亦妥當なりと云ふことと能はす。

要するに前三說は嚴正なる法理論としては、皆缺點あることを免れす。而して予の見る所を以てすれは、此場合に議會は憲法に依りて完全なる議決權を有し、而して　天皇か憲法上の大權に依りて締結せられし條約も亦其効力に於いて缺くる所なしと謂はさるへからす。而かも此見解は結果に於いて、時として國家か條約違反の責を負ふことを免れさるの結果、戰爭を預期せさるへからさる場合ありとなすは、多くの學者の非難する所なり。然れとも法理論は即ち法理論なり。之を政治論と混同することを得さるなり。而かも假に歩を譲り政治上の得失如何を顧慮すへしとなすも、予は實際政治運用の妙は却て此間に在りて存することを疑はす。何となれは條約に規定する所にして、戰爭の危險を敢てするも到底之を履行すること能はさるまてに重大の事項たらは、即ち戰うて可なり。之に反し戰爭の危險を敢てすへきまてに重大の事項にあらすむは、即ち議會之に協賛して可なり。要するに議會は此場合に於いて事件の輕重と、戰爭の不幸とを較量するに依りて、適宜に其議決權を運用するの便を有すれはなり。

第十四條　天皇は戒嚴を宣告す。
戒嚴の要件及効力は法律を以て之を定む。

戒嚴は戰時若くは事變に際し。兵備を以て全國又は一地方を警戒する謂なり。戒嚴に二種あり。曰く臨戰地境、曰く合圍地境、是れなり。前者は戰時若しくは事變に際し、警戒することを必要とする地方を區域として宣告するものにして、後者は敵の合圍若くは攻撃、其他の事變に際し、警戒することを必要とする地方を區域として宣告するものなり。而して前者に在りては、其地境に於ける地方行政事務及ひ司法事務の軍事に關係ある事件を限り、其地の司令官に管掌の權を委し、後者に在りては地方行政事務及ひ司法事務の全部を擧けて之を其地の司令官に管掌の權を委するものとす。以て狀勢の緩急に從ひ兩者の効力に大なる差異あるを見るへし。

本條第二項に所謂法律とは即ち戒嚴令を云ふなり

第十五條　天皇は爵位勳章及其の他の榮典を授與す。

元首は榮譽の淵源なるか故に何れの國に於いても爵位、勳章等の榮典を授くるは元首の特權たり。我か憲法も亦同一の主旨に基きて之を　天皇の大權に留保せり。

第十六條　天皇は大赦、特赦減刑及復權を命す。

大赦、特赦、減刑及ひ復權は皆犯人の事情、法の能く之を曲悉することと能はさる場合に、大權に依りて之を救濟せむとするの意に出つるに外ならす。大赦とは特定の場合に於いて例へは國家又は皇家の大典等に際し、一定の種類の犯人に對し、其罪を赦すものを云ひ而して特定の人に對し其刑の全部を赦すものを特赦と云ひ、其刑の一部を赦すものを減刑と云ふ。復權とは剥奪せられたる公權(重罪の刑に處せられたるものは別に宣告を用ゐす終身其公權を剥奪す‖刑法第三十二條)を復するの義なり。

以上論する所は即ち憲法上の大權として我か憲法か掲記する所の事項の大體なり。

本章の説明を終ふるに臨み注意すへき二の事項あり、一は憲法上の大權は之を機關の權限に委任することを得へきものなりや、否やの問題にして、他の一は憲法上の大權なるものは　天皇の親裁に屬する事項の全部を網羅せるものにあらさることと是れなり。

(一)憲法上の大權は之を機關に委任することを得るや否やに關しては、從來學者の間に二個の見解あり。之を委任することを妨けすとなすの説に曰く、委任することを得すと云ふは是れ却つて大權の行動を制限するものにして其大權たる所以、と相反すと。之を駁するものの説に曰く、憲法か　天皇の大權として特に之を掲記したるは之を機關に委任することを許さざるの精神たるに外ならすと。然れとも、現今の實例に於いて判任官の任免及ひ戒嚴の宣告は之を機關の權限に委任せり。

法理論としての可否は暫く措きて之を論せさるも、後説の實際の慣行と相容れさるや此の如し。然れとも又之か爲に憲法上の大權はすへて皆之を機關に委任することを妨けすと云ふことを得さるなり。例へは法律の裁可の如き、條約の批准の如き、宣戰の如き若し之を機關の權限に委するも妨なしとなすときは憲法に　天皇は立法權を行ふと規定し、若くは軍事、外交に關する樞機を親ら掌握せらるることを規定する精神なるものは、何の處に存するか、殆と之を辨することを得すと謂はさるへからされはなり。

(二)憲法に規定する　天皇の大權なるものは、單に其較著なるものを列擧したるものなるに止まり、之を以て　天皇の親裁せらるへき事項の範圍を限界したるものとなすことを得す。抑も我國體に於いて統治の大權は　天皇の固有に總攬せらるる所たり。從て憲法に掲記せられさる所の事項と雖もとより其自由の裁量に依り　天皇の之を親裁し、若くは機關に命して之を行はしめらるるは、毫も妨なき所とす。從て又憲法上の大權なるものは即ち憲法に列擧する所の數事項を指して云ふに外ならすと雖、此等の事項のみか　天皇の親裁の範圍に屬するものとなすことを得さるは又言を待たす。而して是れ我國體に於いて然らさるへからさる當然の論結たり。伊藤侯の憲法義解は、此の點に於いて最とも明晰なる觀念を與ふ。曰く。

抑も元首の大權は、憲法の正條を以て之を制限するの外、及はさることなきこと宛も太陽の光線の遮斷の外に映射せさる所なきか如し。此れ固より逐節敘列するを待ちて始めて存立する者に非す。而して憲法の揭くる所は既に其大綱を擧け、又其節目中の要領なるものを羅列して、以て標準を示すに過きさるのみ。故に鑄幣の權、度量を定むるの權の如きは、一々之を詳にするに及はす。其之を略するは即ち之を包括する所以なり。

第三章　立法

立法の何たるかに關し、從來之を實質上の意義に於いて解するものと、形式上の意義に於いて解するものとの二樣の別ありと雖、我憲法に於いて兩つなから之を採用することを得さるは嘗て述へし所の如し。要するに立法とは法即ち法律を立つるの義に外ならす。只法の何たるかに關する見解か區々なるか故に立法の何たるかに關する見解も亦區々なるのみ。而して我憲法に法律と稱するは、廣義に於いて言ふものにあらすして、單に法律の名を以て發布せらるる國家の意思、換言すれは所謂狹義の法律の意義に於いて言ふものなり。而して憲法第三十七條に「凡て法律は帝國議會の協贊を經るを要す」と規定するか故に、此狹義に於ける法律か凡て帝國議會の協贊を經さるへからさるものたるや、又言ふを待たす。而して此意義に於ける法律は即ち命令に對するものなること又曾て述へし所の如し。

凡そ立憲の主義に於いて、立法の範圍を定むるにすへて人の自由及ひ權利に關する事項は、議會の協贊を經たる法律を以て之を規定すへしとなすものと、特に憲法に揭けたる事項は原則として、議會の協贊を經て之を規定せさるへからすと雖、人の自由及ひ權利に關する事項なるか故に、必しも皆議會の協贊を經さるへからさるにあらすとなすものとの二樣の別あり。我憲法は即ち後の主義を執りたるものにして、曾て述へたる日本臣民の權利、義務に關する憲法第二章の規定は即ち其我國に於いて帝國議會の協贊を經さるへからすとなす所の事項を列記せるものなり。此等の事項を稱して立法事項と云ふ。

前章に述へたる　天皇憲法上の大權に屬する事項は之を大權事項と稱し、原則として親裁に依り之を決せらるることを法とす。

立法事項と、大權事項との何れにも屬せさる爾餘の範園に於ける事項を稱して、自由立法事項と稱す。自由立法事項は即ち學者の稱して法律命令共同の範圍と稱する所のものなり。其法律を以て之を規定すると、命令を以て之を規定するとは一に立法者の自由に撰擇するを得る所たり。只憲法は「命令を以て法律を變更することを得す(憲法第九條)と規定するか故にすてに法律を以て規定したる事項は、法律に依るにあらされは又之を規定すへからさるなり。

命令を發するの手續は、其之を發するの主體若しくは機關の同しからさるに依りて一ならす。

勅令は內閣に於いて起草し、又は各省大臣案を具へて內閣に提出し、內閣總理大臣より上奏して裁可を請ふ。(以下の手續は法律に於いても亦同し)　天皇之を裁可せらるるときは、親署して後、御璽を鈐せらる。內閣總理大臣乃ち年月日を記入し、主任大臣と共に副署し、其各省專任の事務に屬するものは主任大臣年月日を記入し、之に副署す。而して後公布せられ、玆に始めて一般に遵由の效力を生す。閣令、省令、府縣令等に在りても內閣總理大臣、各省大臣、府縣知事等に於いて年月日を記入し、署名して之を公布するに依りて、玆に始めて遵由の效力を生するは勅令に異らす。

然れとも、法律(狹義)に至りては、もとより其手續に於いて皆異なることとなし。要するに左の順序を經て始めて其效力を生するものなり。

一、法律案の提出

二、法律案の議定

三、裁可

四、公布

(一)法律案の提出は政府と、貴族院と、衆議院と皆之を爲すことを得へし。而して皆平等の提出權を有し、且つ政府案は貴族院と、衆議院と孰れより先に之を提出するも妨なきものとす。(只憲法を改正するは、議院に之か發案の權なし。豫算亦同し。且つ豫算は衆議院に先議權ありて貴族院先つ之を議すことを得す。然れとも此等は法律にあらす。)

(二)法律案は政府より、若しくは一議院より他の議院に提出せられたる後、通常一定の日數(二日)を隔てて議員の之を討論審議するに依りて其實質定まる。之に先ちて委員會を開き、若しくは之を議するにあたり三讀會の順序を經るか如きは、皆議定を丁重にせむか爲の手續たり。兩院の議定を經たる法律案は最後に議決したる議院より上奏して裁可を請ふものとす。

(三)元首か法律(命令も亦然り以下皆同し)を認可せらるる事を稱して裁可といふ。裁可には國務大臣の副署あることを必要とす。裁可に依りて法律は成立す。(一說に曰く公布に依りて成立すと然れとも予は此說を取らす)

(四)裁可せられたる法律は公布に依りて人民に之を知らしむ。通常公布の後一定の期間を隔てゝ之を實際に施行す。(法律に特別の期限を揭くるものは之に依る。而して何等の期限をも揭けさるものは公布の後滿二十日を經て之を施行す)

第四章　司法

司法の何たるかに關しても亦從來實質上の意義に於いて之を解するものと、形式上の意義に於いて解するものとの二樣の區別あること、並に我國に於いて如何に之を解するを可なりとなすかに關しては前に第一章に於て之を論述せり。

司法に對する實質上及ひ形式上の見解の外或は更に他の見解を採り、處分を決定するに當事者の參與を必要とする國權の作用は即ち司法なりとなす學者あり。何等の場合に於いても司法の手續か此の如くなるは學者の言の如しと雖(唯一の例外は欠席裁判の場合是れなり)、而かも反對に此の如き手續に依るすへての國權の作用を司法なりとなすは、予の賛する所にあらす。

此意義に於いて司法の語を解すれは、行政裁判の如き、權限裁判の如き、特許局の審判の如き、其他海員審判所の審判の如き亦皆司法なりと、謂はさるへからす」要するに予の、前に述へたる定義に言ふか如き見解を執る所以のものは、他の見解に依りては精確に我現行の制度を解することと難きと、民刑事の訴訟に對する裁判は其歴史上の由來甚た古く、特殊の發達を遂けたるものなるの點に於いて、憲法か特に特殊の規定を設けて民刑事の事件に關する人民の權義を明にせんと期したるものなることを信するか爲に外ならさるなり。

司法に關する現行制度の原則は大體に於いてすてに之を第三卷に說明したり。茲には只予の前に下したる定義中に述へたる民事及ひ刑事の訴訟の何たるかを一言し、以て更に司法の觀念を明にするに便せむと欲す。

民事の訴訟とは何ぞや。曰く。私權の爭に關し國家に對し之か裁斷を請ふの謂なり。

凡そ人民の有する權利を分ちて公權及ひ私權の二となす、普通に學者或は公法上の權利即ち公法に依りて規定せらるる權利か公權にして、私法上の權利即ち私法に依りて規定せらるる權利か私權なりと說くと雖、實は是れ未た正確に公私權の區別を明にするものと言ふことを得す。要するに公法上の人格者(即ち權力の主體としての國家と言ふに同し)としての國家、又は公共團體に對して有する所の人民の權利か公權にして、其他の權利か私權なり。例へは選擧權は平等なる關係に立つ所の私人と、一私人との間に存する權利にあらすして、不平等なる關係に立つ所の國家若しくは公共團體に對して有する所の人民の權利なるか故に公權なりと雖、一私人か他の一私人に對して賣買し、貸借し、讓與し交換すと言ふか如きは皆平等なる一私人間に於ける行爲にして、從て之に伴ふ所の權利も亦皆平等の性質を有するものなるの點に於いて私權なるか如し。而して國家又は公共團體に對し人民の有する權利と雖、其公法上の人格者としての資格に於ける國家又は公共團體に對して有するものにあらされは又公權にあらす例へは國家又は公共團體に對し、賣買、貸借等に關し人民の有する所の權利は要するに國家又は公共團體と平等の關係に於いて有する所のものなるか故に公權にあらさるか如し。

刑事訴訟とは何ぞや。曰く國家か自ら認めて自個の生存條件を危ふくするものなりとなす所の行爲(即ち犯罪)に對し、之に法律又は法律の委任に依る命令に依りて定められたる惡報(即ち刑罰)を加へんことを要求する所の訴なり(通常は檢事之を提起し稀に被害者之を提起す)。

司法の觀念は右述ふる所に依りて粗明かなるへしと信す。而して玆に一言すへきは學者或は司法とは事實に對し法を解釋することを以て目的(終局の)となす所の國家の行爲なりと言ひ、或は司法とは處分の決定に當事者の參與を必要とする國權の作用なりと言ふは、皆一部の眞理を包含するものなること是れなり。換言すれは事實に對し法を解釋することを以て目的(終局の)となす所の國家の行爲かすへて皆司法なるにはあらす。而して又處分の決定に當事者の參與を必要とする國權の作用かすへて皆司法なるにはあらすと雖、而かも司法は又實に此の如き實質と、形式とを必要となすものなること是れなり。

從て司法は宣告を以て終を告くるものにして宣告を執行するはすてに司法にあらすして行政なり。且つ違警罪に對する警察署の即決處分及ひ犯則者に對する稅務管理局長及ひ稅關長の即決處分は、訴訟の手續を踐ることを須ゐすして、普通の處分の形式に據りて、國家の意思を定むるか故に、其事件の性質よりすれは、刑事に屬するに係はらす、尙之を司法なりと言ふことを得す。換言すれは一の行政處分たるに過きす。

(處分の決定に當事者の參與を必要とする國權の作用か司法なりと言ふは即ち當らすと雖、之を裁判即ち訴訟の裁斷に對するものなりと云ふは即ち可なり)

第五章　行政

立法と、司法との何たるかに關する觀念の區々なるは、逐次、前に述へし所に依りて明ならむ。而かも、此等の觀念の區々なるは終に行政の觀念の區々なるには及はす。

或は行政を以て國家の施措する一切の行爲なりとなすものあり。或は行政とは政治に對するの語にして要するに國家の經營に關する方針(之を定むるを政治と云ふ)に從つて實務を處理するの謂なりとな、すものあり。或は行政とは立法に對するものなり、從て又所謂司法をも包含するものなりとなすものあり。或は行政とは立法及ひ司法に對するものなりとなすものあり。而して又或は更に之を狹義に解し行政とは立法、司法及ひ　天皇憲法上の大權に基く作用に對するものなりとなすものあり。此他尙ほ幾多種々なる觀念を列擧するに難からす。(國家學會雜法第百

六十四號蕪稿行政の觀念にする管見參照)

然れとも、予は行政を以て前に述へしか如く、要するに　天皇の親裁に依る國家權力の作用と、民刑事の訴訟に對する裁判の作用とを除きたる爾餘の範圍に於ける國家權力の作用なりとなすの最も穩當なる事を信するものなり、換言すれは立法と、司法と而して其他　天皇の親裁せらるゝ行爲のすへてを除外したる爾餘の範圍に於ける國家權力上の一切の行爲か即ち行政なりとなすは予の我國に於いて最も穩當なりとなす所の觀念なり。從て(第一)行政は國家の權力に基く作用ならさるへからす、換言すれは、國家の權力を以て强行する所の公法上の行爲ならさるへからす。故に又國家か一個人と平等の關係に立ちて爲す所の私法上の行爲は行政にあらす。且つ土木事業の如き、製鐵事業の如き、若しくは傳染病の研究の如き、人に對するにあらすして單に物に對する所の國家の事業上の行爲は行政にあらす(但し私法上の行爲及ひ事實、行爲も亦行政なりとなす所の見解なきにあらす)(第二)行政は國家の作用中より立法と、司法と、而して又　天皇の親裁に依る行爲とを除きたるものならさるへからす、換言すれは、獨り帝國議會の協賛を經て法律を制定し、又は裁判所に於いて民刑事の裁判をなすことか行政にあらさるのみならす、條約を締結するか如き、戰爭を宣告するか如き、其他憲法第一章に列記する種々の事項を處理するか如きは亦皆行政にあらさるなり。然れとも、戒嚴の宣告の如き、判任官の任免の如き其機關によりて行はるる場合は又之を行政と稱することを妨くるものにあらす。

以上述ふる所によりて行政の如何なるものなるかは、粗ほ之を窺知することを得へし。以下、行政に二種の區別あることを述へ、並に我國家は今日、如何なる事項を取りて之を行政の範圍に屬せしめたるかを論し、而して更に行政上の行爲は、如何なる形式によりて機關及ひ人民に對して行はるるかを説明せんと欲す。

第一節　官治行政及ひ自治行政

行政に二種あり一を官治行政と云ひ、一を自治行政と云ふ。要するに國家か直接に設備する所の官廳によりて行はるる所の行政か即ち官治行政にして、自治團體か國家に依りて賦與せられたる權能に基き、團體の自存の目的の爲に團體內に行ふ所の行政か即ち自治行政なり。

官治行政に關しては一般に、茲に多く論すへきものなし。然れとも自治行政に關しては多少茲に解説を要するものあり。

自治に關する見解中共最も廣く行はるるものは獨乙の學者グナイストの説是なり。氏の下したる定義によれは、「自治行政とは、地方の租税によりて費用を支辨し國の法律に從ひ、名譽職に依りて行ふ所の郡、市、町、村の行政なり」と云へり。抑も氏の見解か、深く英國に於ける自治制の實勢を洞察して、其眞相を發揮し得たるものなるはすへての學者の承認する所なり。

自治制の起源に關しては、學者の間に議論なしとせさるも其最も早く發達したるは英國にあり。グナイストは長く英國に在りて自治制の眞相を研究し、之に關する觀念を發揮し、獨乙今日の自治制に貢献したる所甚た少しとなさす。我國の自治制の如き亦間接に氏の見解に負ふ所少しとなさゝるなり。

然れとも、氏の定義には左の如き非難あることを免れす。

一、自治行政は必すしも之を地方自治團體の行政のみに限るへき理由なし。抑も公共組合なるものゝ發達か極めて近時に在りて、且つ之に關する一般の觀念か發揮せられたるも亦近時に屬するか故に、此點を以てグナイストの定義を非難するは或は酷なることを免れさるへしと雖、而かも、何か故に獨り地方自治團體の行政のみか自治行政にして、公共組合の自存の目的の爲に經營する所のものは自治行政と云ふ事を得さるか。法理の觀念に於いては、地方自治團體も、公共組合も、共に、國家行政の機關として其行爲は間接に國家の目的と適合するものなり。一のものの、其團體内に對して行ふ所の權力上の行爲にして、之を自治行政と名つけ得へくむは、他のものゝ、其團體内に對して行ふ所の權力上の行爲も亦何故に之を自治行政と名くることを得さるへきか。公共組合の團體内に對する權力行爲を以て自治行政の一種なりとなすは或は未た一般に認めらるゝ所にあらさるか如しと雖、法理上の觀念に於いては、別に之を地方自治團體の行政と區別すへき謂れなきなり。

二、自治行政は必すしも自個の費用のみを以て自個を事務を行ふ事を必要とす自治體の利益か、期政上の觀念を離れて之を考ふるも、國家か直接に設備したる官廳をして、國家一切の事務を措置せしむるは、事務の統一と、敏活とを期する點に於いては或は可なりと雖、各團體を實情に精通し且つ其利益に對し最も密接の關係ある一部の人民をして自己の經營に任せしむるの寧ろ適當なるに如かすと云ふの點にあるのみならす、之と同時に自己の費用を以て其一切の經營に任せしむるは國民をして自立の念慮と、各自の利益とに主意することをして益大ならしめ且つ國民の負擔をして其公平を保たしむるの點に於いても、亦一般の國民をして自己直接の利益に關係なき事業の爲めにも、亦之を負擔せしむるの制度に比すれは、大に優れるものありと云ふの點にありて存するは云ふを俟たすと雖、而かも、公共團體は何等の場合に於いても必す自己の費用を以て自から經營せさるへからすとなすは狹隘に失すと謂はさるへからす。例へは團體の事務か團體一個の負擔に堪へさる場合に國家又は上級團體の費用を以て之を補助するも、毫も之か爲めに團體の自治たる所以を害せさるか如し。而かも、此の如きはもとより例外の場合に屬し、原則としてはグナイストの謂ふか如く團體をして自己の費用を以て自己の經營に任せしむるは即ち自治行政主義となす所なりと雖、而かも精密に云ふ時は必すしも然りと言ふ事を得す。

三、自治行政は必すしも名譽職に依りてのみ行はることを必用とせす。

グナイスト以後の學者か氏の定義に重きを置くは主として實に此の點にあるものにして、蓋し是れ自治行政なるものは、團體か之を組織する人民に依りて行政するを以て其主義となすものなるか故に、もとより人民をして其職業を擲ちて公共の事務に奉せしめんと欲するか爲めに必要の費用を給するの要なしとなすに依るものなり。然れとも、現時に於いて、府、縣及ひ郡の機關として有給官吏たる府縣知事及ひ郡長か自治の事務を行ふか如き、其他特定の場合に官吏を派遣して特に市町村の事務を行はしむることあるも、而かも、之か爲めに又其自治たる所以を害せさるなり。加之、名譽職とは畢竟無給の吏員と云ふの意義に歸着すと雖も團體の吏員か必すしも法理上無給たるを必要とするの理なし。亦以て此の説の非なるを知るに足らむ。

上述する所に依りグナイストの定義か其廣く行はるる所のものなるに係はらす、必すしも完全なりと云ふことを得さるを見るへし。然れとも、氏の定義は又一面に於いて自治行政の何たるかを明にするに於いて甚た多とすへきもの多きは誣ゆへからす。

自治團體の事務に二種あり。一は團體の自存の目的の爲に行ふ所のものにして一は自治團體か國家の委任を受けて國家の爲に行ふ所のものなり。一は團體固有の事務たり。一は國家の爲に行ふ所の事務たり。學者或は前者を稱して固有事務と云ひ、後者を名けて委任事務と云へり。例へは團體か團體員の公共の爲に行ふ所の事務は、固有事務たり、而して團體か租稅法の規定に依り、國家に對し國家の爲に國稅を徵收するの義務を負擔するときは、之か爲めに行ふ所の事務は即ち委任事務なりと云ふか如し。此の如く自治團體の事務には二種の區別あるを以て自治團體の行ふ所の事務なるか故にすへて皆自治行政なりと云ふは即ち誤れりと雖、而かも其自存の目的の爲に行ふ所の事務は即ち自治行政なりと云ふことを得るなり」

自治行政は一方に於いて、國家の事務なると同時に、他の一方に於いては、又自治團體自個の事務なるは曾て述へし所の如し。從て國家の事務と團體の事務とは二にして一たり。一にして二たり。然れとも、國家も一の法人なり。自治團體も亦一の法人なり。而かも團體か法人たるは國家の定むる所の法律に依り、始めて然る所なるか故に、國家か法律の存在する以前より早くすてに一の人格者(法律上に於て所謂)たると大に其趣を異にすと雖、而かも、形體の上より云ふ時は、兩々相對するものなりと云ふことを妨けさるなり。換言すれは國家も一の意思の主體たり。自治團體も一の意思の主體たり。而して其事務は二にして一たり。從て國家の意思と、團體の意思との間に預め何等かの限界を設くるにあらさるよりは或は團體の意思は國家の爲めに其獨立を失ひ、或は國家の意思は團體の爲めに其行動の範圍を滅却せられ、團體は却りて國家なるかの如き觀を呈するに至らむ。故に自治行政の第一義は團體か其獨立の意思に依りて爲す所の行動の範圍を劃限するに依りて、國家も亦自個の意思の行動の範圍を劃限するに在り。而して其之を能くするは法律に依るの外なきか故に自治行政の第二義は法律を以て兩者の行動の範圍を定むるに在りと謂はさるへからす。而して是れ國家か官廳に對して監督すると、自治團體に對して監督するとの間に大なる差異を生する所以なり。

官廳に對する國家の監督權は無限に之を發動することを得へし。而かも自治團體に對する國家の監督權は又此の如くに無限なること能はす。

英國に於いて或は一般に自治(セルフ、ガバーメント)と云ふは、凡て被治者たる國民か國政に參與するの制度を汎稱するものにして、其行政たると立法たると、又司法たるとを問ふことなしとなす所の觀念あり。此觀念に從へは國會も一の自治制度なり。國會の多數によりて組織せらるゝ内閣も亦一の自治制度なり。其他剖審官《ジユリー》の如き。治安判事《ジヤスチスオブピース》の如き、亦皆之を自治の制度なりと云ふへし。然れとも、行政法上に於いては自治の觀念を以て此の如く不當に廣く解釋すへき必要あることなし。獨乙に於いて自治《ゼルブストフエルワルツング》と稱するは主として行政の範圍に於いてのみ之を云ふものなり。

第二節　官治行政の分類

官治行政は如何に之を分類すへきかは學者の見る所必すしも一樣ならす。而かも、最も普通に學者か採用する所の分類は左の如し。

一、軍務行政
二、財務行政
三、外務行政

四、司法行政

五、内務行政

此等行政の區別の存する所如何。曰く。

(一)軍の需用を充すか爲めに人民に對して身體上(例へは兵役の如し)若しくは財産上の義務(例へは徵發の如し)を負擔せしめ、由りて以て戰鬪力を維持し、供給せむと欲する所の行政は即ち軍事行政なり。

(二)國家をして其目的を達するに必要なる百般の施設をなすことを得せしめむか爲に之に必要なる資財を取得し、管理し、及ひ支出するか爲の行政は即ち財務行政なり。

(三)他の國家に對して自個の地位を保持し、自個の利益を增進せむか爲の行政は即ち外務行政なり。

(四)國家か裁判に依りて民刑事に關する人民の權義を明確にせむとするの目的に對し之に必要の補助行爲をなし、且つ其裁判の効果を事實に惹起し來るか爲の行政は即ち司法行政なり。

(五)而して人民の安寧と、福利とを保護し、增進せむか爲に或は消極的に之に對する危險を除去し、或は積極的に其福利を增進せむとして種々の手段を講する所の行政は即ち內務行政なり。

國家の歷史に於いて第一に發達したるものは其自體の存在を保持するか爲めの事務に在り。而して自體を保持するに當り第一着の手段は敵を破るにあり(軍務)次に之か軍費を備ふるにあり。(財務)而して武力に依らす、和交を以て自個の利益を主張するは(外務)國家の自存を謀るに於いて最も進步したる手段なりとす。故に軍務、財務及ひ外務は、國家に於ける第一次の行政なり。國家の存立既に於確定したる後に於いて、國家の從事する所の事務は、其內部の秩序を維持するにあり。司法と、警察(內部の一部)との必要ある所以なり、從て司法と、警察とは國家第二次の行政たり。國家の秩序すてに成りたる後に於いて政府の務むる所は人民の福利を增進するに在り。(內務の一部)從て人民の福利の爲にするは即ち國家第三次の行政なり。

福利の爲にする行政は更に左の如く之を別つ事を得べし。

一、經濟行政
1　不動產に關する行政
2　水利に關する行政
3　原始業に關する行政
4　農業に關する行政
5　工業に關する行政
6　商業に關する行政
7　專用權の特許に關する行政
8　交通に關する行政
二、敎化行政
1　宗敎行政
2　敎育行政
三、衞生行政
1　保健行政

2 傳染病預防行政
3 醫藥行政
四、恤救行政

第三節　行政行爲

行政行爲と云ふは行政と云ふことと必すしも其意義に於いて異なるものにあらす。只行政權の發動を現實なる個々の場合に付きて見るときは即ち行政行爲なり。而して行政權の發動其ものは即ち行政なり。本節に於いては行政權の個々の發動に關し研究せむと欲するか故に題して行政行爲といふに外ならす。

行政行爲は種々なる標準に依りて之を種々に區別することを得。國家(公共團體亦同し以下之に準す)一切の行政行爲は即ち皆此等の區別の外に漏るるものなし行政行爲の區別を研究するは即ち又國家行政權の發動の一切の體樣を研究する所以なり。

第一項　實質上の區別

國家一切の行政行爲は、實質上の標準に依りて之を法規(廣義の法律又は法と云ふに同し、只混雜を防かんか爲に、處分に對するときは、學者通常之を法規と云ふ)の設定と、處分との二種に別つことを得。法規の何たるかは從來學者の間に多少の議論なしとせさる所なり。然れとも、最も普通の見解に依るときは、法規とは予の曾つて緒論に於いて論したるか如く不變の理法、若しくは一定の秩序、換言すれは多くの事件に共通なる一般の準則たるの性質を有するものならさるへからすと云へり。帝國議會の協賛を經て制定せらるる所謂、狹義の法律及ひ　天皇の親裁に依りて發せらるる勅令も亦、此意義に於いて多くは法規たりと雖、(但し實質上法規に屬せすして處分に屬する場合亦絕無にあらす、例へは鐵道敷設法の如き公債募集法の如き及ひ憲法第七十條の勅令の如し)此等を制定するは立法又は憲法上の大權に基く作用に屬し、すへて行政の範圍に屬せさるか故に茲には暫く之を不問に附し行政の範圍に於いて、行政機關に依りて行はるる所の千差萬別なる一切の行政行爲は、此法規の設定と、而して法律、勅令及ひ此行政機關か自ら設定する所の法規を實在の事件に對して解釋し、適用することとの二種の形式中に之を網羅することを得へし。而して法律、勅令及ひ行政機關か自ら設定する所の法規を實在の事件に對して解釋し、適用する所の行政行爲を稱して處分といふ。

例へは地方警察命令を以て、往來人は道路の右側を通行すへからすと規定するは即ち一の法規の設定なり。而して法令に依り命したる不行爲の義務に違背するものあるときは、之に對し行政官廳は直接强制を爲すことを得との法律か存在するときは、現に道路の右側を通行したるものを强制して、道路の左側を通行せしむるは一の處分なり。又内務省令を以て有害性著色料は販賣の用に供する飮食物、玩具等の著色に使用することを得すと規定するは、即ち一の法規の設定にして、現に之に違背したる者ある場合に法律の規定に從ひて此等の物を廢棄せしめ、又は行政官廳自ら之を廢棄するか如きは亦一の處分なるか如し。

第二項　形式上の區別

國家一切の行政行爲は、形式上の標準に依りて、之を命令及ひ處分令の二種に別つことを得。命令とは勅令、閣令、省令、府縣令等の名に於いて曾て述へたるか如き一定の形式に從ひ表示せられたる國家の意思なり。然れとも處分令は命令に於けるか如く、必すしも一定の名に於いて且つ一定の形式に依りて表示せらるることを必要となすものにはあらす。要するに國家の單獨の意思表示(條約は國家と、國家との合意に基く意思表示なり、從て國家單獨の意思表示にあらす)にして法律又は命令の形式に依らさるもの、之を處分令と云ふなり。

命令は原則として一般に公布せらるるものなりと雖、處分令は單に關係者に告知せらるるを以て足れりとす。且つ其關係者に告知せらるるに當りても、必すしも文書を以て表示せらるることを必要となすものにはあらす、或は言語を以て、或は擧動を以て、或は符號を以ても亦表示せらるることあり。法規の設定は必す命令の形式に依ると雖反對に命令の實質は必しも常に法規なりと云ふことを得す。而して處分令の實質は常に處分なりと雖、處分は處分令の形式に依らすして命令の形式に依りて行はるることあり。然れとも、最も多くの場合に於いては法規は命令と同一にして處分は又處分令と同一なりと云ふことを得。

處分令は更に之を左の八種に分類することを得(處分に付きても左の區別は亦之を適用することを得へし)

(一)行爲命令及ひ不行爲命令

或る行爲を爲すへしと命するは行爲命令にして或る行爲は爲すへからすと命するは不行爲命令(又禁令と云ふ)なり。

(二)人格の賦與及ひ剝奪

法人を認可し、及ひ解散を命するは即ち是れなり。

(三)權利の設定

(1)免許　法規に依りて一般に禁止せらるる行爲を、特定の場合に、特定の一個人に對して、之を爲すことを許す所の處分令(又は處分以下同し)即ち是れなり。而して免、許(又は許可)に依りて一個人か得る所の權利は國家に對して有するものなるの點に於いて一の公權なり。

(2)特許　特定の一個人に對し特權を與ふる處分令は即ち是れなり。

(四)權利の變更

例へは土地收用の處分に依り、一個人の土地に對して有する所有權か、其性質を變し、國家に對する賠償請求權となる場合に於いて土地收用の處分は即ち是れなり。

(五)權利の剝奪及ひ停止

例へは營業の禁止及ひ停止の如きは即ち是れなり。

(六)認可

特定の行爲に對し、法律上の効果を賦與する所の處分を稱して認可といふ。例へは法人か定款を變更するは主務大臣の認可を經さるへからす。然れとも、定款の變更は一般に禁止せらるるものにはあらす。只主務大臣の認可を經るにあらされは之を變更するも、法律上何等の効果なしといふのみ(現行法に於いて、免許、許可、認可又は認許と稱するは、必すしも此學理上の區別に基けるものにあらすして。頗る混用せらるるを見る)

(七)裁定

法規の解釋を一定し行政訴訟及ひ訴願を裁決するか如きは即ち是れなり

(八)公證

或る事實の確實なることを承認すへき義務を關係者に負はしむる所の處分は即ち是れなり。例へは度量衡の檢定の如き、登記の如き、戶籍の證明の如きは即ち是なり。

第三項　目的上の區別

行政行爲は其目的の異るに依りて、之を行政組織の內部に對するものと、外部に對するものとの二種に別つことを得。其內部に對するものとは、行政機關に對するものの謂にして、外部に對するものとは人民に對するものの謂なり。

從來行政とは一般に人民に對するものにして、其機關に對するは單に人民に對するか爲の準備行爲たるに止まり、之を行政と云ふことを得すとなすの見解あり。然れとも、予は此說を取らす。(詳は國家學會雜誌、第百六十四號行政の觀念に關する管見と題する蕪稿參照すへし。)

第一目　內部に對する行政行爲

行政行爲は單に外部に對して發動する場合のみならす。又內部に對して發動する場合甚た少しとなさす。例へは行政機關の行爲か法律上の規矩を逸せさるや否や一般の方針に違はさるや否や、統一を失はさるや否や、又は公益に害なきや否や等の點に付き、之を監視し、必要なりと認むる場合に之か救濟の手段を講し上級行政官廳か下級行政官廳又は自治團體に對し訓令又は指令を發するか如きは即ち之に屬するものなり。

上級行政官廳か監督の爲に下級行政官廳又は自治團體に對して發する單獨の命令を訓令と云ひ、伺に對して發する命令を指令と言ふ。共に人民に對し直接に効力あるものにあらさるの點に於いて一般の命令と相同しからす。內部に對する行政行爲を分ちて行政的監督及ひ裁判的監督の二となす。

(1)行政的監督

行政的監督は上級行政官廳と、下級行政官廳との間に行はるることあり。監督行政官廳と、自治團體との間に行はるることあり。上級官吏と、下級官吏との間に行はるることあり。上級自治團體の機關と、下級自治團體との間に行はるることあり。或は又、自治團體內の機關相互の間に行はるることあり。

官廳の監督中、其特殊なるものを會計檢査院に依りて行はるる財政上の監督とす。然れとも、之に關しては粗、之を前卷に論述したるを以て又茲に之を述ふるの要なし。

財政の監督は會計檢査院に依りて行はるるの外、上級行政官廳に依りて行はれ、又議會に依りて二重に(即ち豫算に依り、且つ決算に依り)行はるるものなり。以て特に財政に對し現今、國家の用意の周到なることを見るへし。

(II) 裁判的監督

裁裁的監督に三あり。一は訴願の裁決なり。二は行政訴訟の裁決なり。三は權限爭議の裁決なり。

(一)行政機關の不當處分に依り權利又は利益を侵害せられたりとなすものか、其上級機關の監督權に訴へて之か救濟を求むることを許す所の手段を稱して訴願と云ひ、(二)通常(例外の場合あり、今詳述せす)違法の行政處分に依り權利を侵害せられたりとなすものか、行政裁判所に訴へて之か救濟を求むることを許す所の手段を稱して行政訴訟と云ひ、(三)共通なる上級監督官廳を缺く所の官廳(例へは普通裁判所、行政裁判所及ひ行政官廳)の間に於ける權限の爭議を稱して權限爭議と云ふ。

訴願を裁決するは處分を爲したる行政官廳に對する、更に上級の行政官廳に於いてし、不服なるものは遞次更に其上級行政官廳に之を提起することを得せしめ而して順次大臣に至りて止む。（大臣の處分に對しては大臣に對して訴願せしむ）而して行政訴訟は行政裁判所（例外として衆議院議員の選擧及ひ當選爭訟の裁決は普通裁判所に於いて之を裁決す）の裁決する所にして、權限爭議は權限裁判所の裁決すへき所たり。（但し今日に於いては、我國に權限裁判所の制度を缺けり）

此他尙ほ人民に對し、廣く其希望を國家に致さしむるか爲に許さるゝ所の手段に請願あり。請願を呈出するは處分に對すると、法規に對すると、自個の權利又は利益に關すると、他の特定の一私人又は公衆の權利又は利益に關するとを問はす之を爲すことを得へく、且つ帝國議會と、行政官廳と、宮內大臣と何れに對しても之を呈出することを得へし。然れとも、現行法上に於いては帝國議會に對するものゝ外之を以て法律上の効力を有する手段なりと認むることを得す。建白と稱する所のものも亦然り。請願及ひ建白は國家の裁判的監督に依賴せむとするの手段にあらすと雖、今便宜附加して一言するのみ。

權限爭議に關しては、今準據して說明すへき完全の規定を缺くのみならす。其性質に於いても、亦明瞭にして多く述ふるを要するものなしと雖、行政訴訟と、訴願との區別に關しては茲に之を一言するの要あり。

行政訴訟も、訴願も、共に行政處分に對して之か處分を受けたるものか(通常は一私人なれとも時として自治團體の機關なることあり)提起する所なりと雖、行政訴訟は通常(一)違法處分に對し、且つ(二)之に依りて權利を害せられたりとなすことを要件として之か提起を許さるるものなるに反し、訴願は(一)違法處分に對すると、不當處分に對するとを問はす、且つ(二)之に依りて權利を害せられたりとなすと、單に利益を害せられたりとなすとを問はす、之か提起を許さるるものなり。其他裁決の手續等に至りても同一ならす。行政訴訟に在りては口頭審問に依ることを原則とし、訴願に在りては文書に依りて裁決することを原則となすか如きは其差異の著きものなり。

第二目　外部に對する行政行爲

行政の本旨か、元來、人民に對するに在るは言を待たす。而かも此目的を達せむか爲には行政の內部に於いて其規律を保持し、方針を統一し、非違を匡す等の方法を講せさるへからす而して此等の方法か行政の發達に伴うて完美の域に進むと同時に又益複雜なるに至るは、自然の情勢なりと謂ふへし。而して內部に對する諸般の監督行爲は、其目的の存する所より云へは、此の如く人民に對する行政の實を擧けむと欲するか爲の手段たるに外ならすと雖、而かも、是を以て行政行爲にあらすと云ふことを得す。是れ前目に於いて特に內部に對する行政行爲に關し之を概說したる所以なり。然れとも、行政の本旨は、素より人民に對し權利と、利益とを保護し、增進し、其義務を格守せしむるに由りて社會の慶福と國家の生存とを保全せむとするに在るに外ならさるか故に、外部に對する行政行爲か、全般の行政中に於いて特に重要の地位を占むるものなるは云ふを待たす。然り而して、實際行政の局に當る者は法の命する所に依りて、動作を爲すの外、其宜しきに從ひ、時に或は勸誘し獎勵し、或は自ら率ゐ、自ら節する等の手段に依らさるへからさる場合多きや云ふを待たすと雖、法律に於いて論する所は、法律上の行爲に在りて存し、行政官か事實如何に勸誘し、獎勵し若くは自ら率ゐ、自ら節したるかの如きは寧ろ政治上の問題に屬するか故に、要するに、國家は如何に人民に命令するに依りて、其目的を達せむとするかの點は即ち法律學に於いて論究すへき所なりとす。

人民に對する國家行政の作用は、社會現象の複雜なるに伴ひ、千差萬別にしてもとより之を一言にして了することと難し。而かも、此千差萬別なる行政の作用を法律學上、如何に分類すへきかは、學者の頗る苦心する所なり。前二節に述へし所の區別の如き亦之か分類の一種として、概括的に行政の作用を彙別せるものなりと雖、今國家か人民に對し、義務を負擔せしむる場合に付き、更に他の視點より觀察するときは、國家は積極的に公用の爲に人民に對して有體物上の權利又は勞役の徵收を命することあり。又消極的に社會の安寧秩序の爲に若くは其他公益の爲に有體物に關し、又は直接に人民の自由を制限することあり。今假に前種の行政行爲を名けて公用徵收と云ふ。而して後種の行政行爲中に在りて其最も著きものは警察是れなり。今此二種の行政行爲に關し之を略述せむと欲す。

(I)　公用徵收

公用徵收の文字は時として不動產の收用を意味することあり。然れとも茲に所謂、公用徵收とは、積極的に國家の(公共團體亦之に準す)公用に供せむか爲に、人民の有體物上の權利及ひ勞役に對し、是か徵收を命する一切の行政行爲を網羅するものにして、もとより其意義に於いて廣狹の差あり。而して此等の行政行爲中特に茲に、之を述へむと欲する所のものは左の數者に在り。

(1)　不動產の徵收
(2)　租稅
(3)　手數料
(4)　徵發
(5)　兵役

（(2)～(4)　動產の徵收（但徵發は時として又不動產に對する場合あり））
（(4)・(5)　勞務の徵收）

此等のものに關する特種の事項を論するに先ち、今左に一般に公用徵收に通する二三の原則を說述せむと欲す。

(一)近世の國家に於いて、公用徵收は止むを得さる場合に限り之を行ふを常とす。

往時の國家に在りては、隨時、隨處に必要に應し、人民の財產若しくは勞力を徵收するに依りて國用を充し、若くは實力を把持する者の私用に供するも亦妨けさりしと雖、今日の國家に於いては、原則として國家は、一私人と對等の關係に於いて、其國用を充すを主義とし、單に止むを得さる場合に、其固有の權力を發動するに依りて公用の爲に財産上若くは身體上の負擔を人民に命するに過きす。此點に於いて、對等の關係に依ることを得さるもの二あり、一は租税にして、一は兵役なり。而して是れ財力と、武力とは國家必須の手段として、之か供給を私法關係に基く人民任意上の行爲に待つへからさるか爲なり。

故に又現行土地收用法に於いても、不動産の收用は、先つ當事者をして協議に依り、私法關係に於いて之を處置せしめむことを欲し、單に協議の調はさる場合に、國家固有の權力を發動するの主義を執れり。而して、徵發令の如き、亦只特定の場合に之に據ることを得せしむるに止り、一般には私法上の形式に依り軍需を充さしむるを以て現行法の一般の主義となす。而して諸般の手數料の如きも、亦性質上支障なきものは、現時皆私法上の形式に依りて之を收納せり。

(二)人民の負擔をして出來得へき丈、均一ならしめむと欲するは、近時立法主義に於いて特に意を用ゐる所なり。

租稅及ひ兵役の義務は人民に對し、一般に之を課するか故に別に負擔の公平を失ふことなしと雖、不動産の收用及ひ徵發等に在りては、特別の場合に、特定の人に對して、之を課するものなるか故に、此負擔の不公平を救濟せむか爲に、近世の國家は之に對し、原則として特に賠償するの主義を執れり。而して手數料に對し賠償せさるは、賠償せさるも、爲に公平を失ふことなきか故に外ならす。

(三)公用徵收に對する國家の賠償は、私法上の損害賠償と其法理を同ふせす。

抑も國家は其固有の權力に依り、或は無償にて、或は有償にて、人民の有體財産又は勞力を徵收し、又は使用することを得るは、其當然の作用に屬し、其或るものを徵收したるか爲に、必すしも之に對し賠償せさるへからすと云ふの理なし、而かも近世の國家か特殊の場合に、特定の人に對し、徵收を命したる場合に、之に對し賠償するは、一に其負擔の公平を保持せしめむと欲するの意に出つるものにして、根底に於いてすてに不平等の觀念あり。之に反し、私法上の損害賠償に在りては、對等なる一方の者か、他の者に對し其權利を毀損したる場合に國家は被害者をして之か對價を他の一方に請求することを得せしめ、依りて以て、毀損せられたる權利に對し、救濟を與へむと欲するものにして、根底に於いて平等の觀念あり。且つ公用徵收は、法律の作用に依り、人民の有體財産若くは勞力を徵收する適法の作用にして、之を以て權利(權利は法律に依りて許されたる範圍內に於いてのみ存在するものなるは嘗て述へし所の如し)の侵害と見なすことを得さるの點に於いて、國家は、必しも、當然に賠償すへき義務あるにあらす。以て公法上の賠償即ち公用徵收に對する國家の賠償と、私法上の損害賠償との間には、其根底に於いて觀念の差異あることを知るへし。

更に現行法上に於ける兩者の差異を擧くれは(一)私法上の損害賠償に至りては、被害者は司法裁判所に訴へて其額を求むることを得るに反し、公法上の賠償に至りては、法律の特に定むる方法、例へは收用審査委員、評價委員等の評價に依り、賠償を受くるの權利を有するに過きす。而して(二)公法上の賠償は、其主旨の存する所を繹ぬれは、もとより關係者に對し、其失ふ所を補償するに在るは明なりと雖、私法上の損害賠償に於けるか如く、損害の實額を證明して、必しも精確に之か賠償を請求することを得す。

(四)公用徴收は法律の規定に基くにあらされは、之を行ふことを得さるを原則とす。

所有權の處分と、兵役の義務と、納税の義務とか、法律の規定に依り、若しくは之に基きて定めらるへきものなるは、憲法に各其正條あり(第二十七條、第二十條、第二十一條)而して第六十二條第一項及ひ第二項には

新に租税を課し及税率を變更するは法律を以て之を定むへし。

但し報償に屬する行政上の手數料及其他の收納金は前項の限に有らす。

と規定せり。抑も公法上の手數料に二種あり。司法上の手數料及ひ行政上の手數料是れなり。

私法上の手數料とは鐵道、郵便、電信等の手數料の如く、要するに、私法上の契約に依りて、人民か之を拂ふの義務を負ふものを稱し、權力を以て之か義務を負はしめらるるものを稱するにあらす。後者は即ち公法上の手數料なり。

司法上の手數料、即ち訴訟を爲すか爲めに要する手數料は、法律を以て之を定むへしと言ふは、第六十二條の暗示する行なり。從て行政上の手數料は即ち公用徴

收に對すれは一の例外なりと雖、又原則として以て公用徵收は法律の規定に依るへきものなることを見るへし。

第二十七條の解釋に關して多少の疑義なきにあらすと雖、少くとも公用徵收の場合は、すへて法律を以て之を規定するを穩當とすと云ふことを得。

公用徵收の觀念に關しては、最も狹義に之を解し、不動產の收用と同一に見なすものの外、徵發、特定の物を徵收するにあらすして、或る一種類のものを徵收するものなり、而して、租稅及ひ手數料は其物の形體に於いて公用に供することを得さるものなるか故に、之を公用徵收と云ふことを得すとなすの見解を抱持する學者あり。然れとも此見解は予の玆に所謂公用徵收の觀念と相一致せす。

以下各種の公用徵收に關し之を述ふへし。

(1) 不動產の收用

不動產の收用に關する詳細の手續は、土地收用法(明治三十三年三月改正)に之を規定せり。要するに同法を適用すへき事業の範圍は同法中に列記せられ、而して其事業か果して公共の利益と爲るへき事業なりや否やは內閣に於いて之を認定するものとす。而して一定の手續を經たる後、起業者(國家、公共團體又は一私人)は其土地の權利を取得する爲、土地所有者又は其土地に對し權利を有する關係人に協議し、協議成るときは、私法上の手續に依りて之か權利を移轉し、協議成らさるときは起業者は收用審査會(地方長官、府縣高等官、及ひ名譽職參事會員を以て組織す)の採決を請ふへきものとす。而して同法は必要に依り土地の上に在る物件を收用すへき場合あることを預想し、且つ單に之を收用するのみならす又使用することを得へき旨をも規定せり。

(2) 租稅

國家か財政上の收入の爲に、被治者より無償に徵收する資產を稱して租稅と云ふ。

從て財政上の收入の爲にするものにあらされは租稅にあらす。且つ有償に徵收するものは租稅にあらさるなり。而して租稅を賦課するは、其日本人たると、外國人たると、自然人たると、法人たるとを問ふことなし。且つ自治團體の如きも亦、納稅の主體たることあり。新に租税を課し及ひ税率を變更するは、法律を以てせさるへからす。而して法律の規定は必すや左の三種の事項の一を逸すへからす。

一納税の主體

二納税の客體

三税率

(一)納税の主體とは、例へは地租に於ける土地の所有者、酒造税に於ける酒造者營業税に於ける營業者の如く、要するに租税を納むへき義務者を云ふなり。(二)納税の客體とは、例へは地租に於ける土地、酒造税に於ける釀酒行爲、營業税に於ける營業等の如く、課税の目的物たる物件若くは行爲を云ふなり。而して(三)税率とは納税の客體たる物件又は行爲に對する課税の比準を云ふ。何れの税法と雖、此等の事項の一を缺くものは、要するに未た義務の實體を定めたるものなりと云ふことを得す而かも憲法の期する所は義務の實體を定むるは、法律を以てすへくして、行政官の專斷を以てすへからさることを明にせむと欲するに在り、從て此等の事項の一を缺くは又違憲なりと謂はさるへからす。租税は其標準を異にするに依りて、種々に之を區別することを得へし今單に其重要なるものに付きて之を一言するに止まる。

(一)課税の區域を標準として、租税を別つときは即ち左の如し。

(1)國內税 {國税 / 府縣税 / 市町村税}

(2)關税(又は國境税) {從價税 / 從量税}

國內に於ける課税の物體に對して賦課するものを國內税と云ひ、課税權の主體の異るに從ひ、國税、府縣税(元と地方税)市、町、村税の別あり。而して郡税なるものなきは、郡費は町村人民の直接に負擔する所なるを以てなり。

國境に於いて內、外人民より徵收する租税を關税と云ふ。其價格を標準として賦課すると、重量を標準として賦課するとの別に從ひ、從價税、從量税の別あり。

(二)租税は又左の二種に別つことを得へし

(1) 直接稅

(2) 間接稅

此區別に付きては經濟學者の間に、從來多少の議論ありと雖、現行法に於いては地租所得稅、營業稅の三者を直接稅と云ひ、其他を間接稅と云ふと謂へは即ち足れり。

(三)其他、租稅は又之を(1)所得稅(2)行爲稅(3)財產稅(不動產稅、動產稅)の三種に分つことを得へし。而して動產稅中、酒、茶、烟草等の如き消費物に賦課するものを消費稅と云ふ。

現行法に於ける租稅の名目を擧れは、地租、酒造稅、醬油稅、所得稅、營業稅、登錄稅、印紙稅、關稅、噸稅等を以て其重要なるものとす。然れとも是れ、單に、實際の便宜の爲に設くる所の稅目たるに止まり、其法理に於いて別に異なるものなし。

他種の公用徵收に在りては、國家之に對し概ね賠償するを以て主義となすに反し、租稅に對し之を賠償することを爲ささるは如何。曰く租稅は國民か一般に負擔する所の義務にして、之を賠償せさるも爲に公平を失ふことなく、又假令之を賠償せむと欲するも、事實之をなすは不能の事に屬すれはなり。何となれは、若し之を賠償すとせむか、國家は彼に得て此に失ふものにして、此の如くむは畢竟徵稅の要なしと謂はさるへからされはなり。

地方自治團體に於いて團體員に對し賦課する夫役、現品は通常(急迫の場合を除く)頗る租稅に類似したる性質を帶ふと雖、法律上特に之を夫役、現品と稱し、租稅と區別せるを以て兩者は同一なりと云ふことを得す。

納稅義務者、納稅期限を過くるも、尙租稅を完納せさるときは、先つ督促令狀を發し、一定の期限を經るも尙、之を完納せさるときは、一定の順位に從ひ、滯納稅金及ひ處分費に充つる金額を目途として、順次、其財產を差押へ、之を公賣に附し、以て稅金及ひ處分費に充つるものとす。

(3) 手數料

手數料も亦財政上の收入の爲にするものにして其、之を納むる者か日本人たると、外國人たると、自然人たると、法人たると、又公共團體たるとを問はさるは、租稅に同しと雖、而かも、其絕對的に無償なりと云ふことを得さるの點に於いて、且つ行政上の手數料を定むるは、必すしも法律に依るを要せさるの點に於いて、租稅と相同しからす。

手數料中(一)公法上の手數料と、私法上の手數料と並に(二)司法上の手數料と、行政上の手數料との區別あるは前に述へし所の如し。而して又手數料中(三)官廳の行爲に對して徵收するものと(例へは司法上の手數料及登記手數料等の如し)公の營造物の使用に對して徵收するものと(例へは學校授業料水道の給水料等の如し)の二樣の區別あり。後者を稱して特に使用料と云ふ。(憲法第六十二條第二項に所謂、手數料とは前者を指すものにして其他の收納金とは主として後者を指すものなり)公法上の手數料に在りては、其徵收方法は概ね租税に準するものとす。

(4)徵發

現行法(徵發令)に於いて徵發と稱するは、陸海軍の全部又は一部を動かすに方り必要の軍需を地方の人民に賦課して徵收するを云ふなり。然れとも、行政行爲の一の形式として之を見るときは、必しも軍事上の徵發にのみ限りて之を徵發と云ふの必要なし。例へは行政執行法に於いて行政官廳か天災事變に際し、其他特定の場合に、人民の土地物件を使用するを得へきことを規定するか如きは、廣義に於いて又一種の徵發を認めたるものなりと云ふことを得へし(但し此場合には特殊の理由に基き國家は之に對し賠償することをなさす)。

地方團體か團體員に對し、急迫の場合に課する所の夫役、現品も亦頗る徵發に近き性質を帶へり、(此場合に於いても亦地方團體は賠償することなし)。然れとも、玆には單に軍事上の徵發に付きてのみ之を說述するに止むへし。廣義に於ける徵發中に於いて最も重要の場合なれはなり。

徵發は戰時、若くは事變に際して之を行ふと、(此場合に於ける徵發を名けて戰時徵發と云ふ)演習、若くは行軍に際して之を行ふと(此場合に於ける徵發を名けて平時徵發と云ふ)の區別に依り、其目的物に差異あり。而して此等の目的物は法の規定を以て嚴に之を限定し、又此等の外に涉りて徵發を行ふことを許さす。而して此等の目的物中には、不動產あり。動產あり。勞役あり。而して徵發の目的か單に使用に止まることあり又所有權を全く國家に移すに在ることあり。徵發の命令を發するは軍隊又は艦隊司令官の必要と認めたる場合に在り。而して賠償(唯一の例外あり、演習に用ゐたる土地に對しては、其作物に損害を與へ、又は地形を變更するにあらされは賠償を與へす)の金額に關し、國家と、供給者との間に熟議調はさるときは、評價

委員(一定の軍人、府、縣、市、町、村吏員及ひ人民を以て組織す)の評定に任するものとす

(5) 兵役

兵役の制度に種々の別あり。而して現行の制度(徵兵令)は國民皆兵の制度を採用し滿十七歳以上、滿四十歳以下の男子をして原則としてすへて兵役の義務に服せしむ。

兵役の何たるかに關しては、我國に於いては、左の定義を下すことを得へし。曰く。

兵役とは戰鬪力の組織に入りて勞役に服すへき公法上の義務なり。

と。從て我兵役は傭兵の制度に於けるか如く契約に依り、義務者をして勞役に服せしむるの制度にあらす。且つ勞役に服すへき公法上の義務に對するものと雖、彼の徵發に依り人夫として役務に服するものの如きは、戰鬪力の組織中に入るものにあらさるか故に、兵役の義務に服するものと云ふことを得さるなり。

而して我兵役は、原則として、一般に、國民をして之か義務に服せしむるの制度なるのみならす、又、我國民たることを要件として、之か義務を負擔せしむる所の制度

なり。(米國に於いて曾て外國人に兵役の義務を命したる例ありと雖、現時に於いては此の如き制度を採用する國なし)而して此義務を負はしむるに當り、日本國民たることを以て其要件となすと云ふの點は、他の公用徵收に比して、獨り兵役の特色となす所なり。而して兵役に在りて更に一の特色となすに足るの點は、其之に依りて負ふ所の義務は、結局其性質に於いて極めて無限にして、時としては、其生命をも犧牲に供せさるへからさる場合なきを必すへからさることと是れなり。而して是れ兵役の義務を履行するは軍隊統帥の大權に服從するに在るか故に、又畢竟、法律に依りて限界せられさる義務に服する所以なるか爲に外ならす。

兵役に對しては、國家か賠償することなしと云ふの點も亦兵役の多くの公用徵收と同しからさる一點なり。而して是れ、如何なる理由に依りて然るか。曰く兵役は租稅と同しく國民か一般に負擔する所の義務にして、之を賠償せさるも爲に公平を失ふことなく、又假令之を賠償せむと欲するも、兵役の義務は上述せしか如く、其性質に於いて無限なるか故に金錢の能く見積り得へき所にあらさるを以てなり。

兵役は一方より云ふときは、國民の義務なりと雖、他の一方より云ふときは、又國民の權利にして、且つ公權の一種なり。故に刑法の公權剝奪中には兵籍に入るの權をも加へたり。

兵役は、之を別ちて、常備兵役、(現役及ひ豫備役の別あり)後備兵役、補充兵役、國民兵役の四種となす。而して兵役に關し、國家か爲す所の處分は、兵役の免除、徵集の免除同延期、同猶豫、補充兵役の編入、國民兵役の編入、及ひ徵集の七種なり。

(II) 警察

消極的に、公益の爲に、有體物に關し、又は直接に人民の自由を制限する所の行政行爲は、獨り警察のみにはあらす。例へは軍事上の必要の爲に城塞、砲臺、軍港、要港等の周圍の土地の上に、所有權の制限を加へ(例へは軍司令官の許可を得るにあらされは一定の營造物、森林、耕作地等を新設し、又は變更することを許ささるか如し)若くは、其他、營造物の管理の爲に、其周圍の土地又は家屋の所有者に對し、特殊の義務を負はしむるか如き、是れなり。然れとも、此等は要するに特別の場合に屬するを以て今單に警察に關し、一般に之を要言するに止まる。

何を警察と云ふか。是れ必しも容易なる問題にはあらす。沿革上に於いて、且つ學理上に於いて、學者の此問題の爲に其腦漿を靡消したるもの幾許なるかを知らす而して未た之に關する一定の見解か樹立せられたるにはあらさるなり。

警察か、人の自由を制限する所の行政行爲なるは、如何なる學者と雖、異論なき所なり。然れとも、人の自由を制限する所の行政行爲は、獨り警察のみなるにはあらす(例へは兵役の義務を强制し、租稅の義務を强制し、學齡兒童の就學の義務を强制するか如き、皆、然り)。是に於いてか、更に警察とは人の自由を制限する所の行政行爲にして、而して人の自由に對する制限其ものか、直接に、公の安寧秩序を保持する所以となる所の行政行爲なりとの見解を生するに至れり。而して是れ、近時の學者か概ね一致する所の見解なるか如し。其說明に曰く、警察以外の行政行爲にして、人の自由を制限する所のものは、間接には、皆、公の安寧秩序を保持せさる者はあらす。然れとも、其直接の効果は或は軍の需用を充すに在り。或は一般に財力を充すに在り。或は法規を維持するに在り。而して、只間接に、公の安寧秩序を保持するの効果を生するのみ。是れ、警察の人の自由を制限する他の行政行爲と異る要點なりと。然れとも直、間接の區別は必しも明瞭なりと云ふことを得す。例へは精神病者を監致すと云ひ、或は質商、古物商を取締ると云ひ、或は森林の保護の爲に人の自由を制限すと云ふか如き、其効果は、公の安寧秩序を維持するを以て直接なりとなすへきか。精神病者を保護するを以て直接なりとすへきか。質商、古物商をして一定の規律に服せしむるを以て直接なりとなすへきか。森林を保護するを以て直接なりとなすへきか。將た法規を維持するを以て直接となすへきか、明瞭なるか如くにして、而して不明瞭なり。然れとも、今假に此見解を可なりとなすも、警察の範圍は、尙ほ不明瞭なることを免れさるもの頗る多し。多くの學者の一致する所に依れは、警察行政は內務行政の一部をなすものなりと云へり。然れとも。內務行政と云ひ、軍務行政と云ひ、將た財務行政と云ふも、要するに皆行政の目的を標準として樹てたるの部門たるに外ならす。然れとも、何故に軍事上の目的の爲に警察は存せさるか。而して又何故に財務上の目的の爲に警察は存せさるか。(例へは軍事警察と稱する所のものは、何故に警察にあらさるか、而して又關稅に關する監視の爲に當該官吏か或る行爲をなすは、何故に警察にあらさるか)是れ疑點の一なり。而して或は、警察とは危害に對する預防を目的となするものなりとなすの學者あり。或は福利の目的の爲にも警察は存在することを得へしとなす學者あり。然れとも、一面より見るときは危害と、福利とは相貫通し、之を區別し易からさること、尙、効果の直、間接の區別の分明ならさるか如し(例へは衛生警察行政の如き之を危害の防止を目的となすものなりと云ふも人民の福利を目的とするものなりと云ふも共に誤にあらさるか如し)而して又或は、警察は未然に對する行政行爲なりとなす學者あり。或は既往にも對することを得へしとなす學者あり。然れとも、未然と、既往との區別も亦必しも判明ならさるなり(例へは司法警察か、犯罪人を逮捕、搜索するを目的となすか如きは既往に對するものなりと云ふことを得さるにあらすと雖、又未然に對するものなりと云ふを妨くへき理由なきか如し)。

警察の何たるかは、學理上に於いて一の困難なる問題の一たるを失はすと雖、之か詳細は暫く之を專門の研究に委ね、茲には只警察なるものか、要するに積極的に人の財產上、若くは身體上の權利を徵收する所の行政行爲にあらすして、消極的に人の自由を制限する所の行政行爲の一種なることを要言するを以て、假に滿足せさることを得す。而して消極的に、人の自由を制限するは、直接に人に對して之を制限する場合と、物に關して之を制限する場合との二種の區別ありと雖、例へは保安警察、風俗警察、衛生警察の如きは主として前者に屬し、營業警察、田野警察、漁業警察、鑛業警察等は後者に屬するか如し、其孰れたるも警察の警察たるに害あることなきものとす。

國法學要義　終

附錄（憲法第六章及第七章）

緒論より前卷に至る説明に依りて我國法に關する大體の原則は即ち之を述ふることを得たり。然れとも、憲法第六章及ひ第七章の規定に關し、尚多少解説を要するものあり。今左に附加して之を要言せむと欲す、

第六章

第六十二條　新に租税を課し及税率を變更するは法律を以て之を定むへし
但し報償に屬する行政上の手數料及其の他の收納金は前項の限に在らす。
國債を起し及豫算に定めたるものを除く外國庫の負擔となるへき契約を爲すは帝國議會の協贊を經へし。

本條第一項に關しては曾て之を述へし所の如くなるを以て、又別に解説を要するものなし。而して手數料の一般に如何なるものなるかと、且つ、手數料中に、司法上の手數料と、行政上の手數料との區別あることに付きても亦曾て之を述へたり。本

條第二項中其他の收納金と稱するは要するに營造物の使用に對する使用料の類を指すものにして(伊藤侯憲法義解)從て本條に於いて行政上の手數料と稱するは官廳の行爲に對する手數料を指すに止まり、廣義に於ける手數料を指すものにあらすと解せさるへからす。

第三項中、國債(又は公債)の何たるかに關しては、特に說明を要するものあり。廣義に於いて云ふときは、國家か負ふ所の一切の債務は、すへて皆之を國債なりと云ふことを得さるにあらす。此意義に於ける國債は、契約の結果として國家の負擔するすへての費用、會社、其他に對して給する補助金等の如きものをも包含す。然れとも狹義に於ける國債とは此の如き廣汎なる意義を有するものにはあらす。要するに單に財政上の目的を以て、國家の負擔する債務を云ふに外ならす。財政上の目的とは如何。曰く。(一)財政上の不足の爲にすると。(二)起業の爲にすると。(三)會計の出納上一時使用の爲にするとを問はす、すへて國家財政上の必要の爲にするを云ふなり。

然れとも、第三の目的の爲にするものは、特に之を大藏省證券と云ひ、更に之を國債中より區別するを常とするか故に、最も狹義に於ける國債とは、要するに唯財政上の不足の爲にするものと、起業の爲にするものとの二者を云ふに過きす。前者を稱して財政公債と云ひ、後者を稱して起業公債と云ふ。而して是れ此二者は即ち本條に所謂國債に該當するものなり。

國債は、又之を別ちて、內國債及ひ外國債の二となす。內國に於いて募集するものを、內國債と云ひ、外國に於いて募集するものを、外國債と云ふ。故に內、外國債の區別は起債地を標準となすの區別にして、應募者の何人たるかを標準となすの區別にはあらす。

國債は、國家一時に債務を負擔するに依りて、其財政上の目的に供給し、而して之か償還を將來の租稅其他の收入に期せむと欲するものなり。從て、起債は、間接に、又人民の負擔を意味す。是れ、起債の帝國議會の協賛を要する所以にして、豫算に定めたるものを除く外、國庫の負擔となるへき契約を爲すに、帝國議會の協賛を要するも亦同一の理由に依る。而して豫算に定むるものは、もとより又帝國議會の協賛を經るを要するなり。

第六十三條　現行の租稅は更に法律を以て之を改めさる限りは舊に依り之

を徴收す。

前條、租税の新賦及ひ改率は法律を以て定むへきことを云ふ。故に本條、舊賦のものに付き之に關する法の効力如何を規定し、以て國費の財源を明確にするなり。

第六十四條　國家の歳入歳出は毎年豫算を以て帝國議會の協賛を經へし。

豫算の款項に超過し又は豫算の外に生したる支出あるときは後日帝國議會の承諾を求むるを要す。

出納の見積を稱して豫算と云ふ。故に豫算は國家に特有のものにあらさるのみならす。又立憲制の國家に特有のものにあらさるなり（我國に於いて豫算を公布したるは明治六年六月以降に在り）然れとも、豫算の、立憲制の國家に於いて、特に重要視せらるるは、一に其帝國議會の協賛を經さるへからすと云ふの點に在り。

豫算とは法律上如何なる性質のものなるかに關しては、由來外國に於いては種種の見解あり。而して是れ、一は外國の憲法中（例へは白耳義、普魯西、獨逸、墺太利等）豫算は法律を以て定むと規定せるものあると、又一は彼等の國體か議會全能の國體にして、政府か財政を施行するは、議會の委任に基くものなりとなすの國體なるとに依れり。然れとも、此等の見解は、一も、我國に於いて之を認容するの要なく又認容することを得さる所なり。結局、我國に於いて豫算とは、帝國議會か國家の歳出入に對して協贊を與ふるの形式なりと謂はは即ち足れり。彼等の學者中には豫算を以て、法律なりとなすものと、法律は即ち法律なりと雖、形式上の意義に於いて法律たるに過きすとなすものとあり。而して或は、又、豫算は議會か財政權を政府に委任するか爲の形式なりとなすものあり。或は豫算は、豫め、政府の責任を解除するか爲の形式なりとなすものあり。而して此等の議論は、帝國議會か豫算を議定せす、又は豫算か成立せさる場合に關し重要の結果を生するものなり。

豫算は帝國議會の協贊を經て公布せらるるときは、行政官に對し、すへて豫算の款項に遵據して支出すへき義務を生す。然れとも、豫算の此効力を生するは、會計法の規定に基くものにして、豫算の固有の効力なるにはあらす。

豫算中には、避くへからさる豫算の不足を補ふ爲に、又は豫算の外に生したる必用の費用に充つる爲に、豫備費を設けさるへからす。是れ、憲法第六十九條の明文を以て定めたる所なり、前者の爲に設くるものを第一豫備金と稱し、後者の爲に備ふるものを第二豫備金と稱す。然れとも、豫備金は歳出の一部にあらす。從て豫備金を支出したるときは、事後に於いて帝國議會の承諾を求めしむるにあらされは國家か帝國議會をして、豫算の欵項を調査し、其費途の當否を決せしむるの主旨と相適合せす。而して是れ、本條第二項の規定ある所以なり。

第六十五條　豫算は前に衆議院に提出すへし

豫算の提出は孰れの國に於いても下院を先にす。蓋し租税は一般國民の負擔なるか故に、國民の公選に成れる下院をして、先議權を有せしむるの主旨に出るなり。或は豫算の議定權に付き貴族院と、衆議院との間に差異あるか如くに論するものありと雖、我國に於いては、曾て、貴族院の上奏に對し、勅諭に依りて兩議院の間に軒輊する所なきことを明にせられたり。

第六十六條　皇室經費は現在の定額に依り每年國庫より之を支出し將來增額を要する場合を除く外帝國議會の協贊を要せす。

皇室の經費は實際之を豫算に揭けさるにあらすと雖、增額を要する場合の外、別に毎年の帝國議會に於いて之を議決すへきものにはあらす。皇室經費の支出法に付きては各國、必すしも其規を一にせさるなり。

第六十七條　憲法上の大權に基つける既定の歳出及法律の結果に由り又は法律上政府の義務に屬する歳出は政府の同意なくして帝國議會之を廢除し又は削減することを得す。

本條各種の費目に就きては、會計法補則に之を規定する所あり。又玆に之を贅するの要あらす。

第六十八條　特別の須要に因り政府は豫め年限を定め繼續費として帝國議會の協賛を求むることを得。

本條の規定は、例へは、國防、若くは土木工事等の經費を要するか如き場合に、繼續費として帝國議會の協賛を要むるを得ることを定めたるものなり。若しも、單に、一年度の支出のみに對し、帝國議會の協賛を經て、其事業を起すも、翌年度に至り帝國議會之を協賛せさるか如きことあらは、政府は中途にして之か事業を廢止するの不幸を見るに至らむ。而して是れ、本條に於いて政府をして特別の必要ある場合に數年に涉るの事業をなすことを議會に告けて、豫め、之か協賛を求めしむるの途を開きたる所以なり。

第六十九條　避くへからさる豫算の不足を補ふ爲に又は豫算の外に生したる必要の費用に充つる爲に豫備費を設くへし。

本條の必要に關しては、又別に述ふるの要なし。而して避くへからさる豫算の不足を補ふ爲に備ふるものを、第一豫備金と稱し、豫算の外に生したる必要の費用に充つる爲に備ふるものを、第二豫備金と稱するは、曾て述へし所の如し。而して第一豫備金は、每年勅令を以て定めらるる所の費途に從ひ、大藏大臣の承認を受くるに依り之を支出し、第二豫備金は、大藏大臣の意見を付し勅裁を乞ふに依りて之を支出すへきものとす。

第七十條　公共の安全を保持する爲緊急の需用ある場合に於て內外の情形に因り政府は帝國議會を召集すること能はさるときは勅令に依り財政上必要の處分を爲すことを得。

前項の場合に於ては次の會期に於て帝國議會に提出し其の承諾を求むる

を要す。

本條は、第八條の緊急勅令に關し、曾て、述へたると粗、同一の主義に出つ。只、彼れは法律に代るの命令たり。此れは、帝國議會の協賛を經へき財政上の事項にして、而かも、帝國議會を召集するの遑なきか故に、勅令を以て、權宜爲す所の處分なるの相違あるのみ。而して次の會期に於いて、之を帝國議會に提出し、其承諾を求めて得さる場合に、彼は法律に代るの命令なるか故に、其將來に於いて效力を失ふことを公布するの要あり。此は處分なるか故に既往に遡り、其効力を失ふことを公布するは實際に於いて爲し能はさる所なり。理論上爲し能はさるにはあらすと雖、人民の權利を蹂躪するにあらされは能はす。是れも亦兩者の相同しからさる一點なり。

第七十一條　帝國議會に於て豫算を議定せす又は豫算成立に至らさるときは政府は前年度の豫算を施行すへし。

外國に於いては、豫算の性質に對する見解の相同しからさる結果、豫算の成立せさる場合に關し、政府の財政權に關し、種種の議論を生せりと雖、我國に於いては、本條の規定あるか故に、又、此の如き議論を生するの餘地なきものとす。

豫算を議定せすとは、議會か豫算を議決せさる場合を云ひ、豫算成立に至らすとは、議會解散の場合、又は兩議院の意見相衝突し、遂に確定議を見るに至らさる場合を云ふなり。

第七十二條　國家の歲出歲入の決算は會計檢查院之を檢查確定し政府は其の檢查報告と倶に之を帝國議會に提出すへし

本條は前卷に會計檢查院に關し、すてに述へし所に依りて明なるか故に、又玆に之を贅するの要あらす。

第七章　補則

第七十三條　將來此の憲法の條項を改正するの必要あるときは勅令を以て議案を帝國議會の議に付すへし。

此の場合に於て兩議院は各其の總員三分の二以上出席するに非されは議事を開くことを得す出席議員三分の二以上の多數を得るに非されは改正の議決を爲すことを得す。

本條に關しても、亦、玆に重複して之を論するの要あらす。

第七十四條　皇室典範の改正は帝國議會の議を經るを要せす。

皇室典範を以て此の憲法の條規を變更することを得す。

皇室典範の單に、皇家の一家法たるに止らすして、國法中に在りて、又、重要の地位を占むるものなるは曾て論したる所の如し。然れとも、皇室典範の規定を以て、之か改正を要する場合に、帝國議會の議に付するか如きは、頗る穩當を缺くものあり。加之、我國、帝國議會の開設を見るに至りたる所以の主旨も、亦、もとより此に存するものにあらす。是れ、本條第一項の規定ある所以なり。

然れとも、皇室典範の改正に依りて直、間接に憲法を變更することを得へくむは憲法も亦、統治權の行動と、臣民の機利とに對し準繩たり、保障たるに於いて其効果極めて薄しと謂ふへし。而して、是れ、第二項の規定ある所以なり。

第七十五條　憲法及皇室典範は攝政を置くの間之を變更することを得す。

攝政を置くは、國家に在りて變局たり。而かも、攝政を置くの間、憲法と、皇室典範との變更をなすことを得せしめむか。禍機、此間に伏することなきを保すへからさらむ。而して是れ、攝政の一切の大權を行ふことを得る所なるに係はらす、特に本條の例外を規定する要ある所以なり。

第七十六條　法律規則命令又は何等の名稱を用ゐたるに拘らす此の憲法に矛盾せさる現行法令は總て遵由の効力を有す。

歲出上政府の義務に係はる現在の契約又は命令は總て第六十七條の例に依る。

本條は、要するに、便宜の爲に設くるの規定たるに外ならす。蓋し、憲法の施行に際し、此規定を設くるにあらすむは、憲法の規定する所の要件に準據せさる法令は、すへて、皆、憲法に牴觸し、從て無効に歸すと謂はさるへからす。而して政府の義務に屬する契約及ひ命令の如きも、亦、若し、政府の同意を經すして、帝國議會、妄りに之を廢除し、又は之を削減することを得せしめむか、人民の權利は憲法の實施に依りて却りて蹂躪せらるるの奇觀を呈するに至らむ。是れ、本條の規定あることを必要とする所以なり。

憲法發布勅語

朕國家の隆昌と臣民の慶福とを以て中心の欣榮とし朕か祖宗に承くるの大權に依り現在及將來の臣民に對し此不磨の大典を宣布す

惟ふに我か祖我か宗は我か臣民祖先の協力輔翼に倚り我帝國を肇造し以て無窮に垂れたり此れ我か神聖なる祖宗の威德と竝に臣民の忠實勇武にして國を愛し公に殉ひ以て此光輝ある國史の成跡を貽したるなり朕我か臣民は即ち祖宗の忠良なる臣民の子孫なるを回想し其朕か意を奉體し朕か事を奬順し相與に和衷協同し益〻我か帝國の光榮を中外に宣揚し祖宗の遺業を永久に鞏固ならしむるの希望を同くし此の負擔を分つに堪ふることを疑はさるなり

朕祖宗の遺烈を承け萬世一系の帝位を踐み朕か親愛する所の臣民は即ち朕か祖宗の惠撫慈養したまひし所の臣民なるを念ひ其の康福を增進し其の懿德良能を發達せしめむことを願ひ又其の翼贊に依り與に倶に國家の進運を扶持せむことと

を望み乃ち明治十四年十月十二日の詔命を履踐し茲に大憲を制定し朕か率由する所を示し朕か後嗣及臣民及臣民の子孫たる者をして永遠に循行する所を知らしむ

國家統治の大權は朕か之を祖宗に承けて之を子孫に傳ふ所なり朕及朕か子孫は將來此の憲法の條章に循ひ之を行ふことを愆らさるへし

朕は我か臣民の權利及財產の安全を貴重し及之を保護し此憲法及法律の範圍內に於て其の享有を完全ならしむへきことを宣言す

帝國議會は明治二十三年を以て之を召集し議會開會の時を以て此の憲法をして有効ならしむるの期とすへし

將來若此の憲法の或る條章を改定するの必要なる時宜を見るに至らは朕及朕か繼統の子孫は發議の權を執り之を議會に付し議會は此の憲法に定めたる要件に依り之を議決するの外朕か子孫及臣民は敢て之か紛更を試みることを得さるへし

朕か在廷の大臣は朕か爲に此の憲法を施行するの責に任すへく朕か現在及將來

の臣民は此の憲法に對し永遠に従順の義務を負ふへし

御名御璽

明治二十二年二月十一日

内閣總理大臣　伯爵　黑田清隆
樞密院議長　伯爵　伊藤博文
外務大臣　伯爵　大隈重信
海軍大臣　伯爵　西郷從道
農商務大臣　伯爵　井上馨
司法大臣　伯爵　山田顯義
大藏大臣兼内務大臣　伯爵　松方正義
陸軍大臣　伯爵　大山巖
文部大臣　子爵　森有禮
遞信大臣　子爵　榎本武揚

大日本帝國憲法

第一章　天皇

第一條　大日本帝國は萬世一系の天皇之を統治す
第二條　皇位は皇室典範の定むる所に依り皇男子孫之を繼承す
第三條　天皇は神聖にして侵すへからす
第四條　天皇は國の元首にして統治權を總攬し此の憲法の條規に依り之を行ふ
第五條　天皇は帝國議會の協賛を以て立法權を行ふ
第六條　天皇は法律を裁可し其の公布及執行を命す
第七條　天皇は帝國議會を召集し其の開會閉會停會及衆議院の解散を命す
第八條　天皇は公共の安全を保持し又は其の災厄を避くる爲緊急の必要に由り帝國議會閉會の場合に於て法律に代るへき勅令を發す
此勅令は次の會期に於て帝國議會に提出すへし若議會に於て承諾せさる時は政府は將來に向て其の效力を失ふことを公布すへし

第九條　天皇は法律を執行する爲に又は公共の安寧秩序を保持し及臣民の幸福を增進する爲に必要なる命令を發し又は發せしむ但し命令を以て法律を變更することを得す
第十條　天皇は行政各部の官制及文武官の俸給を定め及文武官を任免す但し此憲法又は他の法律に特例を揭けたるものは各其の條項に依る
第十一條　天皇は陸海軍を統帥す
第十二條　天皇は陸海軍の編制及常備兵額を定む
第十三條　天皇は戰を宣し和を講し及諸般の條約を締結す
第十四條　天皇は戒嚴を宣告す
戒嚴の要件及效力は法律を以て之を定む
第十五條　天皇は爵位勳章及其の他の榮典を授與す
第十六條　天皇は大赦特赦減刑及復權を命す
第十七條　攝政を置くは皇室典範の定むる所に依る
攝政は天皇の名に於て大權を行ふ

第二章　臣民の權利義務

第十八條　日本臣民たるものの要件は法律の定むる所に依る
第十九條　日本臣民は法律命令の定むる所の資格に應し均く文武官に任せられ及其の他の公務に就くことを得
第二十條　日本臣民は法律の定むる所に從ひ兵役の義務を有す
第二十一條　日本臣民は法律の定むる所に從ひ納税の義務を有す
第二十二條　日本臣民は法律の範圍內に於て居住及移轉の自由を有す
第二十三條　日木臣民は法律に依るに非すして逮捕監禁審問處罰を受くることなし
第二十四條　日本臣民は法律に定めたる裁判官の裁判を受くるの權を奪はるることなし
第二十五條　日本臣民は法律に定めたる場合を除くの外其の許諾なくして住所に侵入せられ及捜索せらるることなし

第二十六條　日本臣民は法律に定めたる場合を除くの外信書の秘密を侵さるることなし
第二十七條　日本臣民は其の所有權を侵さるることなし
第二十八條　日本臣民は安寧秩序を妨けす及國民たるの義務に背かさる限に於て信敎の自由を有す
第二十九條　日本臣民は法律の範圍内に於て言論著作印行集會及結社の自由を有す
第三十條　日本臣民は相當の敬禮を守り別に定むる所の規定に從ひ請願を爲すことを得
第三十一條　本章に揭けたる條規は戰時又は國家事變の場合に於て天皇大權の施行を妨くることなし
第三十二條　本章に揭けたる條規は陸海軍の法令又は紀律に牴觸せさるものに限り軍人に準行す

第三章　帝國議會

第三十三條　帝國議會は貴族院衆議院の兩院を以て成立す

第三十四條　貴族院は貴族院令の定むる所に依り皇族華族及勅任せられたる議員を以て組織す

第三十五條　衆議院は選擧法の定むる所により公選せられれる議員を以て組織す

第三十六條　何人も同時に兩議院の議員たることを得す

第三十七條　凡て法律は帝國議會の協賛を經るを要す

第三十八條　兩議院は政府の提出する法律案を議決し及各法律案を提出することを得

第三十九條　兩議院の一に於て否決したる法律案は同會期中に於て再ひ提出することを得す

第四十條　兩議院は法律又は其の他の事件に付各其の意見を政府に建議すること

とを得但し其の採納を得さるものは同會期中に於て再ひ建議することを得す
第四十一條　帝國議會は每年之を召集す
第四十二條　帝國議會は三ヶ月を以て會期とす必要ある場合に於ては勅命を以て之を延長することあるへし
第四十三條　臨時緊急の必要ある場合に於て常會の外臨時會を召集すへし
臨時會の會期を定むるは勅命に依る
第四十四條　帝國議會の開會閉會會期の延長及停會は兩院同時に之を行ふへし
衆議院解散を命せられたる時は貴族院は同時に停會せらるへし
第四十五條　衆議院解散を命せられたる時は勅命を以て新に議員を選擧せしめ解散の日より五ヶ月以內に之を召集すへし
第四十六條　兩議院は各其の總議員三分の一以上の出席するに非されは議事を開き議決を爲すことを得す
第四十七條　兩議院の議事は過半數を以て決す可否同數なるときは議長の決する所に依る

第四十八條　兩議院の會議は公開す但し政府の要求又は其の院の決議に依り秘密會となすことを得

第四十九條　兩議院は各　天皇に上奏することを得

第五十條　兩議院は臣民より呈出する請願書を受くることを得

第五十一條　兩議院は此の憲法及議院法に掲くるものの外內部の整理に必要なる諸規則を定むることを得

第五十二條　兩議院の議員は議院に於て發言したる意見及議決に付院外に於て責を負ふことなし但し議員自ら其の言論を演說刊行筆記又は其の他の方法を以て公布したるときは一般の法律に依り處分せらるへし

第五十三條　兩議院の議員は現行犯罪又は內亂外患に關する罪を除く外會期中其の院の許諾なくして逮捕せらるることなし

第五十四條　國務大臣及政府委員は何時たりとも各議院に出席し及發言することを得

第四章　國務大臣及樞密顧問官

第五十五條　國務各大臣は天皇を補弼し其責に任す
凡て法律勅令其の他國務に關する詔勅は國務大臣の副署を要す

第五十六條　樞密顧問は樞密院官制の定むる所に依り　天皇の諮問に應へ重要の國務を審議す

第五章　司法

第五十七條　司法權は天皇の名に於て法律に依り裁判所之を行ふ
裁判所の構成は法律を以て之を定む

第五十八條　裁判官は法律に定めたる資格を具ふる者を以て之に任す
裁判官は刑法の宣告又は懲戒の處分に由るの外其の職を免せらるゝことなし
懲戒の條規は法律を以て之を定む

第五十九條　裁判の對審判決は之を公開す但し安寧秩序又は風俗を害するの虞

あるときは法律に依り又は裁判所の決議を以て對審の公開を停むることを得

第六十條　特別裁判所の管轄に屬すへきものは別に法律を以て之を定む

第六十一條　行政官廳の違法處分に由り權利を傷害せられたりとするの訴訟にして別に法律を以て定めたる行政裁判所に屬すへきものは司法裁判に於て受理するの限にあらす

第六章　會計

第六十二條　新に租税を課し及税率を變更するは法律を以て之を定むへし

國債を起し及豫算に定めたるものを除く外國庫の負擔となるへき契約を爲すは帝國議會の協贊を經へし

第六十三條　租税は更に法律を以て之を改めさる限は舊に依りて之を徵收す

第六十四條　國家の歲出歲入は毎年豫算を以て帝國議會の協贊を經へし

豫算の款項に超過し又は豫算の外に生したる支出あるときは後日帝國議會の承諾を求むるを要す

第六十五條　豫算は前に衆議院に提出すへし

第六十六條　皇室經費は現在の定額に依り每年國庫より之を支出し將來增額を要する場合を除く外帝國議會の協賛を要せす

第六十七條　憲法上の大權に基ける既定の歲出及法律の結果に由り又は法律上政府の義務に屬する歲出は政府の同意なくして帝國議會之を廢除し又は削減することを得す

第六十八條　特別の須要に因り政府は豫め年限を定め繼續費として帝國議會の協賛を求むることを得

第六十九條　避くへからさる豫算の不足を補ふ爲に又は豫算の外に生したる必要の費用に充つる爲に豫備費を設くへし

第七十條　公共の安全を保持する爲め緊急の需用ある場合に於て內外の情形に因り政府は帝國議會を召集すること能はさるときは勅令に依り財政上必要の處分をなすことを得

前項の場合に於ては次の會期に於て帝國議會に提出し其の承諾を求むるを要

す

第七十一條　帝國議會に於て豫算を議定せす又は豫算成立に至らさるときは政府は前年度の豫算を施行すへし

第七十二條　國家の歲出歲入の決算は會計檢査院之を檢査確定し政府は其檢査報告と倶に之を帝國議會に提出すへし

會計檢査院の組織及職權は法律を以て之を定む

第七章　補則

第七十三條　將來此の憲法の條項を改正するの必要あるときは勅命を以て議案を帝國議會の議に附すへし

此の場合に於ては兩議院は各其總員三分の二以上出席するに非されは議事を開くことを得す出席議員三分の二以上の多數を得るに非されは改正の議決を爲すことを得す

第七十四條　皇室典範の改正は帝國議會の議を經るを要せす

皇室典範を以て此の憲法の條規を變更することを得す
第七十五條　憲法及皇室典範は攝政を置くの間之を變更することを得す
第七十六條　法律規則命令又は何等の名稱を用ゐたるに拘はらす此の憲法に矛盾せさる現行の法令は總て遵由の効力を有す
歳出上政府の義務に係る現在の契約又は命令は總て第六十七條の例に依る

頁	行	誤	正
二	四	雑多なるノ下	もヲ脱ス
四	九	解せさるも	解せさると
八	五	多くの現象ノ上ニ	（線ヲ脱ス
一一	四	弱へは	例へは
一二	一〇	美	異
一三	九	之	元
〃	一〇	ライカルガン	ライカルガス
一六	九	解ノ上	見ヲ脱ス
二四	九	せり	せす
三五	五	憲法典	憲法々典
三八	七	精神とを	をハ衍
四八	一三	成文ノ下	法ヲ脱ス
九〇	一三	今其ノ下	利ヲ脱ス
九二	四	會國	我國
一〇七	一〇	而かし	而かも
一二二	二	行面	一面
一二六	三	實美上	實質上
〃	一四	羈束の如きノ下	＝ヲ脱ス
一二八	四	反しノ下	此はノ二字ヲ脱ス
一三五	一四	發す云ふ	發す云々
一六〇	四	妨なしノ下	とヲ脱ス
一七五	一	團体を	團体の

明治三十四年九月一日印刷
明治三十四年九月五日發行

國法學奥附

定價金六拾五錢

著者　小原新三

發行者　東京市日本橋區通油町十八番地　水野慶次郎

印刷者　東京市麹町區有樂町三丁目一番地　大西錬三郎

印刷所　東京市京橋區弓町二十四番地　三協合資會社

發行所　水野書店

國法學要義　完　　　日本立法資料全集　別巻 1199

平成30年 7 月20日　　復刻版第 1 刷発行

著　者　小　原　新　三

発行者　今　井　　　貴
　　　　渡　辺　左　近

発行所　信　山　社　出　版

〒113-0033　東京都文京区本郷 6 - 2 - 9 -102
モンテベルデ第 2 東大正門前
電　話　03（3818）1019
F A X　03（3818）0344
郵便振替　00140-2-367777（信山社販売）

Printed in Japan.

制作／（株）信山社，印刷・製本／松澤印刷・日進堂

ISBN 978-4-7972-7314-4 C3332

別巻　巻数順一覧【950 ～ 981 巻】

巻数	書　名	編・著者	ISBN	本体価格
950	実地応用町村制質疑録	野田藤吉郎、國吉拓郎	ISBN978-4-7972-6656-6	22,000 円
951	市町村議員必携	川瀬周次、田中迪三	ISBN978-4-7972-6657-3	40,000 円
952	増補 町村制執務備考 全	増澤鐵、飯島篤雄	ISBN978-4-7972-6658-0	46,000 円
953	郡区町村編制法 府県会規則 地方税規則 三法綱論	小笠原美治	ISBN978-4-7972-6659-7	28,000 円
954	郡区町村編制 府県会規則 地方税規則 新法例纂 追加地方諸要則	柳澤武運三	ISBN978-4-7972-6660-3	21,000 円
955	地方革新講話	西内天行	ISBN978-4-7972-6921-5	40,000 円
956	市町村名辞典	杉野耕三郎	ISBN978-4-7972-6922-2	38,000 円
957	市町村吏員提要〔第三版〕	田邊好一	ISBN978-4-7972-6923-9	60,000 円
958	帝国市町村便覧	大西林五郎	ISBN978-4-7972-6924-6	57,000 円
959	最近検定 市町村名鑑 附 官国幣社 及 諸学校所在地一覧	藤澤衛彦、伊東順彦、増田穆、関惣右衛門	ISBN978-4-7972-6925-3	64,000 円
960	鼇頭対照 市町村制解釈 附 理由書 及 参考諸布達	伊藤寿	ISBN978-4-7972-6926-0	40,000 円
961	市町村制釈義 完　附 市町村制理由	水越成章	ISBN978-4-7972-6927-7	36,000 円
962	府県郡市町村 模範治績　附 耕地整理法 産業組合法 附属法令	荻野千之助	ISBN978-4-7972-6928-4	74,000 円
963	市町村大字読方名彙〔大正十四年度版〕	小川琢治	ISBN978-4-7972-6929-1	60,000 円
964	町村会議員選挙要覧	津田東璋	ISBN978-4-7972-6930-7	34,000 円
965	市制町村制 及 府県制　附 普通選挙法	法律研究会	ISBN978-4-7972-6931-4	30,000 円
966	市制町村制註釈 完　附 市制町村制理由〔明治21年初版〕	角田真平、山田正賢	ISBN978-4-7972-6932-1	46,000 円
967	市町村制詳解 全　附 市町村制理由	元田肇、加藤政之助、日鼻豊作	ISBN978-4-7972-6933-8	47,000 円
968	区町村会議要覧 全	阪田辨之助	ISBN978-4-7972-6934-5	28,000 円
969	実用 町村制市制事務提要	河邨貞山、島村文耕	ISBN978-4-7972-6935-2	46,000 円
970	新旧対照 市制町村制正文〔第三版〕	自治館編輯局	ISBN978-4-7972-6936-9	28,000 円
971	細密調査 市町村便覧（三府 四十三県 北海道 樺太 台湾 朝鮮 関東州）附 分類官公衙公私学校銀行所在地一覧表	白山榮一郎、森田公美	ISBN978-4-7972-6937-6	88,000 円
972	正文 市制町村制 並 附属法規	法曹閣	ISBN978-4-7972-6938-3	21,000 円
973	台湾朝鮮関東州 全国市町村便覧 各学校所在地〔第一分冊〕	長谷川好太郎	ISBN978-4-7972-6939-0	58,000 円
974	台湾朝鮮関東州 全国市町村便覧 各学校所在地〔第二分冊〕	長谷川好太郎	ISBN978-4-7972-6940-6	58,000 円
975	合巻 佛蘭西邑法・和蘭邑法・皇国郡区町村編成法	箕作麟祥、大井憲太郎、神田孝平	ISBN978-4-7972-6941-3	28,000 円
976	自治之模範	江木翼	ISBN978-4-7972-6942-0	60,000 円
977	地方制度実例総覧〔明治36年初版〕	金田謙	ISBN978-4-7972-6943-7	48,000 円
978	市町村民 自治読本	武藤榮治郎	ISBN978-4-7972-6944-4	22,000 円
979	町村制詳解　附 市制及町村制理由	相澤富蔵	ISBN978-4-7972-6945-1	28,000 円
980	改正 市町村制 並 附属法規	楠綾雄	ISBN978-4-7972-6946-8	28,000 円
981	改正 市制 及 町村制〔訂正10版〕	山野金蔵	ISBN978-4-7972-6947-5	28,000 円